의욕의 기술

추천의 글

시들해진 의욕을 고취하는 데 이것만큼 좋은 방법은 없다. 우리의 인생이 순풍을 탈 수 있도록 인도해준다!

– **세스 고딘**(최고의 경영 구루, 베스트셀러 『보랏빛 소가 온다』 저자)

완벽한 인생의 여정을 즐기고 싶다면 이 책에 집중하라!

– **존 스컬리**(경영의 전설, 코카콜라·애플 전 CEO)

우리가 누구인지, 어떻게 본질에 이를 수 있는지 알려준 워맥은 최고의 선물이자 조언자다.

– **데이브 디콘**(마스터카드 최고인재책임자)

정말 놀라운 점은 이 책에 제시된 모든 것이 막연한 이론이 아닌 수많은 사람들이 하나하나 실제로 경험한 것들이란 사실이다.

– **카라 드프리아스**(오바마 정부 UX 수석책임자)

* * *

무엇이든 새로운 시도의 첫 발이 가장 어려운 법이다. 당신의 의지를 꺾는 변수들이 너무나 많다. 『의욕의 기술』은 행동지향적인 단계들로 농축시켜 20년간의 경험을 제시한다.

– **키이스 페라지**(베스트셀러 『혼자 밥먹지 마라』의 저자)

단순하고, 효과적인 시작을 위한 최고의 레시피다! 워맥은 우리를 움직이게 한다.

– **크리스 브로간**(오너 미디어 그룹 CEO)

세계적으로 입증된 지혜들을 한데 모아, 당신의 발목을 잡고 있는 무언가를 돌파할 수 있도록 실용적이고도 실천 가능한 단계들을 제공한다.

– **미리엄 오르트**(펩시콜라 인력자원개발부 부장)

『의욕의 기술』은 우리를 밝은 미래로 이끈다. 그곳에서 '정체'는 과거의 단어이고 '시작'은 당신이 그리는 미래의 슬로건이다.

– **프랜시스 R. 헤셀바인**(CEO, 대통령 훈장 수상자)

＊＊＊

이제까지 계속 미뤄오던 프로젝트를 시작하고 새로운 에너지와 흥분을 경험하기 바란다!

– 로라 스택(베스트셀러 『똑게경영』의 저자)

제이슨과 조디는 각계 리더들이 최대치의 능력을 발휘하도록 돕는 데에 단연 달인의 경지에 이른 사람들이다. 이 다이나믹 듀오는 나와 나의 팀이 삶의 주인이 되도록 이끌어주었다.

– 콜로넬 빌 드마르코(미국 공군참모대학교 참모 본부장)

『의욕의 기술』은 내가 지금껏 읽어온 동기 부여에 관한 책 중 가장 실용적이고 강력한 책이다. 나는 이 책을 나의 팀원들에게 필독서로 권한다.

– 스테이너 하이엘(마이크론 테크놀로지 글로벌 인력개발부 이사)

위대한 영향력을 창조하기 위한 안내서다. 이 책을 통해 당신의 능력을 확장하고, 효율을 최대로 끌어올리고, 일과 삶에서 성공을 이루는 데 필요한 기반을 형성할 수 있을 것이다.

– 리치 노튼(베스트셀러 『스튜피드』의 저자)

* * *

우리는 너무나 쉽게 현재 상황에 정체되고 만다. 변화란 결코 만들기 쉬운 것이 아니다. 제이슨은 내가 가장 중요한 것들에 집중하고 계속 밀어붙이도록 도와준 최고의 조언가다.

– 폴 기에로(GATR 테크놀로지 회장)

당신이 손에 들고 있는 이 책은 동기부여에 관한 안내서 이상을 넘어서는 귀한 자원이다. 가장 중요한 삶의 영역으로 나아가기 위해 필요한 새로운 리더십의 기술을 손에 넣을 수 있을 것이다.

– 그렉 포세글리아(IMS 회장)

『의욕의 기술』은 강력한 힘과 단순명료함이 돋보이는 책이다. 해결책은 단순하지만 그 영향력은 탁월하다.

– 해드 윔벌리(YGB인큐베이터 CEO)

이 보석 같은 책에는 동기부여에 관한 최고의 통찰력이 담겼다. 만약 목표를 추구하고 있고 하루 빨리 도달하고 싶다면 이 책을 필독해야 한다.

– 라제시 세티(어드바이저 공동 창립자)

GET MOMENTUM

추락하는 의지를
상승시키는
심리 스프링

제이슨 워맥 · 조디 워맥 지음
김현수 옮김

의욕의 기술

다산북스

프롤로그

사방이 막혔을 때 다시 튀어 오르는 힘

꼭 하고 싶고, 해야 하는 중요한 일이 있는가? 개인적인 일일 수도 있고 회사 업무나 커리어 변화일 수도 있다. 그 이유가 무엇이든 간에 여러분은 좀처럼 앞으로 나아가지 못하고 있다. 여러분이 이 책을 펼친 이유이기도 하다.

나는 여러분이 스스로의 걸음과 속도로 변화를 향해 움직일 수 있도록 도울 것이다. 이 책의 처음부터 마지막 장을 덮을 때까지 당신은 당신만의 답을 찾아내는 여정을 떠나게 된다.

사람들은 자신이 원하는 것을 요구하고 바꿔가는 것이 무례한 일이라고 생각한다. 하지만 우리는 삶에서 원하는 것이 있다면 소

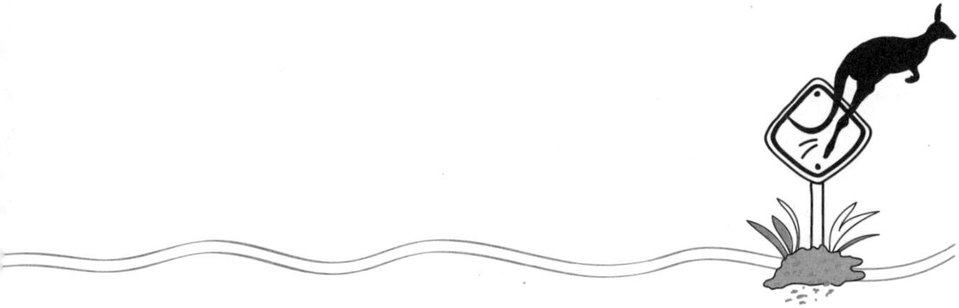

리 높여 말해야 한다. 그리고 그걸 실천할 수 있는 도구들이 필요하다.

자신의 일을 더 잘 해나갈 수 있도록, 기술을 강화할 수 있도록, 그리고 스스로에게 "다음은 뭘까?"라고 물을 수 있도록 내가 뒤에서 당신을 밀어주는 힘이 되어주겠다. 여러분 각자의 목소리가 더 멀리 퍼져가길.

제이슨 워맥, 조디 워맥

차례

3장 가능하다는 것을 아는 것만으로도

4장 모든 일을 완벽하게 하겠다는 오만 버리기

5장 당신의 습관에는 사각지대가 있다

6장 방향을 바꾸기에 나쁜 시기란 없다

G E T   M O M E N T U M

1장

인생의 걸림돌을 피하는 기술

왜 아직도 그 자리에 멈춰 서 있습니까?

누구나 마음속에는 타성에 안주하고 싶은 고장 난 스프링이 있다. 추락하는 의욕이 상승하여 속도가 붙는 지점, 바로 우리의 심리 스프링이 작동하는 지점이다. 우리는 이 심리 스프링을 '모멘텀'이라고 부른다. 모멘텀이란 꽉 막힌 정체 상태에서 고갈된 의욕을 되살리는 힘이다.

당신의 속도로 움직이고 있는가?

무언가 이상하다

스티븐은 37층 사무실에서 뉴욕 맨해튼 시 위로 펼쳐진 하얀 구름을 내려다보고 있다. 그는 벌써 몇 분째 아무런 말이 없다. 이마에는 깊은 고랑이 패였고 어깨는 딱딱하게 굳어 있다.

나는 책상 너머로 그를 바라봤다. 사무실 안에는 긴장감이 감돌았고, 나는 그런 그를 가만히 기다렸다. 왜 스티븐은 몇 분째 아무런 말이 없을까? 내가 던진 질문 때문이다.

이 사무실을 한 번만 쓱 둘러봐도 누구나 스티븐이 부족함 없이 원하는 모든 걸 가진 사람이라는 걸 알 수 있을 것이다. 에르메스 넥타이를 매고 있고, 넓은 책상 위에 나란히 놓인 듀얼 컴퓨터 모니터 옆에는 휴가지에서 찍은 가족사진이 있다. 넓은 벽에는 캘리포니아 해변의 골프 코스가 그려진 액자가 걸려 있다.

스티븐은 곧 승진할 예정이다. 그러면 격주 토요일마다 런던에 갔다가 수요일이면 뉴욕의 집으로 오게 될 것이다. 200명의 인력을 관리하게 될 것이고 연봉은 15퍼센트 인상될 것이다. 스티븐은 지난 18개월간 이번 승진에 사활을 걸었다. 그의 계획대로 승진은 성사되었고 더 많은 보수도 확보했다. 그러나 스티븐은 무언가가 잘못되고 있다는 걸 알 수 있었다.

스티븐이 내게 1대 1 코칭을 신청한 건 일과 삶에 뒤얽힌 복잡한 문제들을 해결하고 싶어서였다. 스티븐은 스트레스가 너무 심했고 지칠 대로 지쳐 있었다. 한마디로 꽉 막힌 정체 상태였다.

모든 변화는 질문 하나에서 시작했다

나와 점심을 먹기 전에 스티븐은 이달 초에 고혈압 진단을 받았지만 아직도 치료를 시작하지 못했다고 털어놓았다. 아내가 걱정이 많다는 이야기도 했다. 사무실에서 보내는 시간이 작년보다 길어졌다고도 했다. 그리고 5년 안에 세 자녀들이 모두 고등학교를 졸업하고 대학 진학을 할 예정이라고 했다.

무거운 분위기를 누그러뜨리고 지역 야구팀에 대한 한담을 몇 마디 주고받은 뒤 나는 스티븐에게 짧은 질문을 했다.

"당신은, 당신이 하게 될 그 일을 하는 사람이 되길 바라나요?"

불편한 침묵이 흐르는 가운데 그 질문만이 공중에 둥둥 떠다녔다. 긴 침묵을 깨고 스티븐이 대답했다.

"이 일은 1년 넘게 제가 매달려온 일이에요. 제 상사도 제 아내도 제가 얼마나 노력해왔는지 알고 있어요."

스티븐은 잠시 숨을 고른 뒤 말을 이었다.

"하지만 전 이 일을 준비하면서 앞으로 제가 얼마나 스트레스가 클지 깨닫게 됐어요. 아이들과의 시간도 너무 많이 놓치게 될 것 같아요. 이걸 어떻게 표현해야 할까, 신경 써야 할 것이 많은 두 곳에서 두 역할을 다 해내려면 얼마나 스트레스를 많이 받겠어요."

스티븐은 내 눈을 바라보며 말했다.

"이 미팅을 잡으려고 지난달에 당신에게 전화를 걸 때만 해도 정리가 좀 필요할 뿐이라고만 생각했어요. 그런데 그 질문을 받고 나니…… 잘 모르겠네요."

내가 던진 질문 하나가 모든 것의 발단이 되었다. 스티븐과 나는 질문 하나에서 시작된 코칭 프로그램을 이어갔다. 앞으로 여러분이 이 책을 읽으며 대답하게 될 질문들과 실천할 행동들은 나와 스티븐이 만들어간 변화의 과정에서 행한 것과 똑같은 것들이다.

더 많이 더 완벽하게
'더, 더, 더'의 함정

우리는 더 많은 일을 더 잘, 더 완벽하게 완수하길 바란다. 바라는 것은 인간의 본능이다. 상황이 더 나아지길 바라고, 여유 시간이 더 많이 생기길 바라고, 원하는 것을 더 많이 할 수 있게 되길 바라는 것은 자연스럽다.

그러나 조심해야 한다. 그 모든 바람들은 훗날 분노 혹은 후회로 바뀔 수도 있으므로, 상황이 달라지길 바라는 것만으로는 변화를 기대할 수 없으므로. 이제 뭔가 달리 행동할 때다. 다른 것을 얻고 싶다면 다른 행동을 해야만 한다. 무언가 이상한 상황, 갑갑한 상황을 털고 일어날 때다. 변화할 시간이다.

이 책은 당신이 꽉 막힌 상태를 풀고 나올 수 있도록 도와줄 것이다. 당신의 속도와 라이프 스타일에 맞게끔 효율적으로 일의 우선순위를 정하고, 더 자유롭게 사고하고, 직장과 개인적인 삶에서 당신이 원하는 것을 갖기 위해 활용 가능한 전략과 행동에 집중하는 방법들을 배워나갈 것이다.

갑갑한 상황을 탈출하는 기술을 갖추는 것은 간단하지만 그렇다고 해서 결코 쉬운 일은 아니다. 실천은 당신의 몫이기 때문이다. 내가 당신에게 요구하는 것들은 시간과 에너지와 집중력을 필요로 한다. 그래서 미리 경고해둘 필요를 느낀다.

새로운 결과를 얻기 위해 당신이 늘 해오던 것들 중에는 이제 중단해야만 할 것들이 있을 가능성이 아주 크다. 이제 당신은 이전에 비해 거의 기는 정도로 속도를 확 늦춰야 할 것이다. 그래야 다시 일어서서 질주할 수 있다.

당신의 발목을 사로잡는 성공 망상

성공의 망상에 사로잡힌 사람들

회사원, 학생, 기업가, 관리자, 창업가를 막론하고 정체에 빠진 사람들의 공통점은 그들이 예전에 효과를 봤던 방식을 계속 되풀이한다는 것이다.

새 회사로 이직을 한 지 21개월이 지난 제리는 나와 통화를 하던 중 이렇게 말했다.

“일이 많아서 작년부터 한 달에 한 번씩 토요일에도 사무실에

나갔어요. 그때 이후로 시간도 많이 흘렀고, 제 역할도 달라졌지만 주말에 일하는 건 이제 선택의 문제가 아니에요. 솔직히 말하자면 다른 방법을 못 찾겠어요. 실은 석 달 전부터는 매주 토요일마다 출근하기 시작했거든요."

신생 개발팀을 이끌게 된 제리는 일이 흥미진진했다. 긍정적인 방향으로 성장할 수 있는 도전 과제들은 의욕을 고취시켰다. 신생 개발팀을 성공적으로 이끌었고, 놀라운 성과들을 낸 덕분에 예전보다 훨씬 높은 보너스를 받았다. 지금 이 일을 맡기 위해 캘리포니아에서 워싱턴으로 이사도 했고 얼마 전 첫아이를 얻어 가중된 경제적 압박도 어느 정도 해소됐다.

하지만 제리는 옴짝달싹할 수 없는, 사방이 꽉 막힌 느낌이었다. 점점 더 많이 밀려드는 일 앞에 그가 생각할 수 있는 유일한 방법은 일하는 시간을 더 늘리고 아내와 아기와 보내는 시간을 줄이는 것뿐이었다.

세계적인 리더십 코치이자 우리의 훌륭한 동료이며 멘토이기도 한 베스트셀러 저자 마셜 골드스미스Marshall Goldsmith가 내게 보낸 메일에 이런 이야기가 있다.

"대부분의 사람들, 그중에서도 특히 이미 성공한 사람들은 과거에 그들을 성공으로 이끌었던 행동들이 있으며 미래에도 그와 똑같은 행동방식을 통해 성공할 수 있을 것이라고 믿고 있어요. 나는 이것을 '성공의 망상'이라 부릅니다."

우리는 모두 '성공의 망상'에서 자유롭지 못하다. 당신도 밤늦게까지 일한 경험이 있을 것이다. 늦은 시간까지 업무 연락을 주고받기도 했을 것이고, 주말의 휴식을 반납하고 일을 한 적도 있을 것이다. 이동하는 중에도 일을 붙들고 있거나, 아침 일찍 사무실에 나가거나, 식구들이 모두 잠든 뒤에도 일을 놓을 수 없던 적도 많을 것이다.

그러나 그건 '그때의 일'이다. 우리는 현재를 살아간다. 예전에 했던 나쁜 습관을 되풀이하며 삶을 경영할 순 없다.

시작하지 못하는 사람들의 공통점

전 세계를 다니며 사람들에게 물었다.

"왜 아직도 시작하지 않으십니까?"

누구나 어떤 프로젝트를 시작하길 원하고 변화하기를 바란다. '하지만' 누구에게나 '하지만'이 있다는 게 문제다.

무언가에 정체된 사람들이 입버릇처럼 이야기하는 말들이 있다. 다음은 정체된 사람들이 가장 많이 하는 말 5가지다.

잘 모르겠어요

"어디서부터 시작해야 할지 모르겠어요. 내가 하고 싶은 이 일이 가능하기나 한 건지조차 모르겠어요. 결과가 어떨지 모르는 거잖아요? 나를 이끌어줄 사람도, 나를 책임감 있게 붙들어줄 만한 사람도 하나도 모르는 걸요."

이 정도로도 괜찮아요

"아직 그렇게 절망적이진 않아요. '망가지지 않은 걸 굳이 고치지 말라'는 말도 많이들 하잖아요. 그냥 늘 하던 대로 살랍니다. 그게 (직업, 관계, 삶의 환경 등) 그렇게 나쁘진 않거든요. 상황이 바뀌면 그때 가서 생각해보든가 하죠, 뭐."

예전에 시도했지만 실패했어요

"예전에도 한 번 시도해봤는데 잘 안 됐어요. 다시 해본다고 한들 뭐가 그리 달라지겠어요? 되지도 않을 걸 굳이 왜 해야 하죠?"

더 악화되면 어쩌죠?

"새로운 걸 해보고 싶긴 해요. 하지만 그랬다가 제 삶의 다른 것들을 망치면 어떡해요? 아직 주변 사람들과(상사, 배우자, 애인, 아이들 등) 변화에 대한 의견을 맞추지 못했어요. 변화를 시도했다가 모든 게 바뀌고, 상황이 지금보다 더 악화되기라도 하면 어떡해요?"

엄두가 안 나요

"제가 정말로 원하는 변화는 너무 엄청난 것이라서 엄두가 안 나요. 도저히 시간이 안 날 것 같기도 하고요. 해야 할 일이 이미 너무 많거든요. 시작할 때 필요한 자금도 없어요."

타성에 저항하는 심리 스프링

누구나 마음속에는 타성에 안주하고 싶은 고장난 스프링이 있다. 이 스프링은 처음에는 탄력이 강해 조그만 자극에도 쉽게 튀어 오르지만 조금만 시간이 지나면 탄력을 잃고 만다.

솟구치던 의욕이 바닥을 드러냈을 때, 하기 싫은 일에 뛰어들어야 할 때, 성과는커녕 '이만하면 됐지'라는 타성에 지쳤을 때 우리는 마음속 스프링에 탄력을 주어야 한다.

추락하는 의욕이 급상승하여 속도가 붙는 지점, 바로 우리의 심리 스프링이 작동하는 지점이다. 우리는 이 심리 스프링을 '모멘텀 Mommentum'이라 부른다. 모멘텀이란 간단히 말해 꽉 막힌 정체 상태에서 고갈된 의욕을 되살리는 힘이다.

당신에게 모멘텀은 무슨 의미가 될 수 있을까? 모멘텀을 진작부터 더 가졌다면 당신의 삶은 어떻게 달라졌을까?

모멘텀이란 당신이 움직이고 있고, 많은 일들이 일어나고 있음을 의미한다. 이는 곧 당신이 발전하고 있다는 의미다. 변화의 한가운데 있는 기분이란, 정말 멋지다!

나는 당신에게 자신을 돌아보는 과정을 알려줄 것이다. 이는 당신이 원하는 변화를 만들고 당신에게 중요한 프로젝트를 시작하기 위한 과정이다. 바로 심리 스프링에 탄력을 주는 과정이다!

먼저 당신이 시작하고 싶은 일이 무엇인지 생각해보자. 어쩌면 무엇을 해야 하는지 당신은 이미 알고 있을지도 모른다. 혹은 해야 할 일이 너무나도 많아서 시작도 하기 전에 이미 지쳐버렸는지도 모른다. 그럼에도 불구하고 당신은 여전히 그 변화를 원하고 아직 끝내지 못한 그 일을 완수하고 싶을 것이다.

솟구치던 의욕이 바닥을 드러냈을 때,
하기 싫은 일에 뛰어들어야 할 때,
심리 스프링의 스위치를 켜라!

너무 큰 의욕이 당신을 압도한다

망각 속에 떠도는 진정한 자아

사람들은 주로 개인적인 프로젝트에서 진척을 맛보지 못하고 늘 정체돼 있다고 말한다. 그들은 책을 쓴다거나 사진 공부를 하는 것처럼 창조적인 일을 하고 싶어 하지만 이런 일들은 '중요하지 않은' 목록으로 분류된다.

그러나 이런 것들이 바로 행복과 충만한 인생에 직결되는 중요한 프로젝트들이다. '중요하지 않은 일'로 미뤄뒀던 일들이 훗날 후회

리스트의 핵심을 차지하게 되고야 만다. 이런 일들이야말로 진정한 자아의 표현이기 때문이다.

하지만 이 프로젝트들은 표면적인 마감기한도 없고 경제적으로 즉각적인 도움도 되지 않기 때문에 우선순위에서 늘 밀린다. 그리고 '언젠가는' 이라는 망각의 장소에 떠돈다.

베스트셀러 작가 브로니 웨어Bronnie Ware는 집에서 삶의 마지막을 준비하는 사람들을 돌본 경험을 토대로 쓴 책 『내가 원하는 삶을 살았더라면』에서 인생의 막바지에 다다른 많은 사람들은 이런 후회를 가장 많이 했다고 한다.

- 다른 사람들이 내게 기대하는 삶이 아닌, 나 스스로에게 충실한 삶을 살 용기가 있었더라면.
- 너무 열심히 일하지 않았더라면.
- 나의 감정을 표현할 용기가 있었더라면.
- 친구들과 계속 가까이 지냈더라면.
- 나 자신이 더 행복하도록 허락했더라면.

"일을 좀 더 했더라면 좋았을 걸."

죽음을 맞이하는 자리에서 이런 말을 하는 사람은 없다. 대신 죽음을 앞둔 사람들은 대개 사랑하는 사람들과 의미 있는 시간을 더 보낼 수 있기를 소망한다.

어떻게든 해내고 싶은 일이 있는가?

당신에게는 꼭 하고 싶은 중요한 일이 있는가? 커리어에 변화를 주고 싶을 수도 있고, 개인적인 사업을 시작하고 싶을 수도 있다. 그러나 어떤 이유로, 그 이유가 무엇이든 간에 당신은 아직 행동하지 못하고 있다.

나는 20년 넘게 전 세계에 퍼져 있는 정체된 느낌에 압도된 사람들을 도와왔다. 나는 더 이상 앞으로 나아가길 힘들어하는 사람들에게 지금 자리를 털고 일어나는 방법을 알려주었다.

나는 사람들에게 동기나 부여하자고 이 책을 쓴 것이 아니다. 그것만으로는 부족하다. 우리는 이미 영감을 주는 진부한 문구들에 너무나도 익숙해져 있다. 그런 뻔한 말들은 이제 제쳐두자. 그런 말들에 동기 부여를 할 수 있었다면 당신은 이 책을 펼치지도 않았을 테니까.

나는 당신이 정체된 느낌에서 벗어나 새로운 시작을 할 수 있도록 돕고 싶다. 이 책에 실린 질문들에 당신만의 대답을 만들고 행동하여 용기를 내고 대담해지기를 바란다.

심리 스프링에 탄력을 주는 질문과 활동들은 당신이 앞으로 나아갈 수 있도록 고안됐다. 이 책을 통해 당신은 중요한 프로젝트를 시작하고 커다란 목표를 성취하기 위해 활용하는 전략들을 배울 수 있다.

왜 변화에 효과가 없었을까?

당신을 진짜로 방해하는 것은 무엇인가? 정체 상태에서 벗어날 수 있게끔 도와달라는 사람들을 나는 늘 만난다. 그 사람들은 으레 지금 하는 일에서 진척이 있었으면 좋겠고, 좀 더 성과를 발휘했으면 좋겠지만 시도하는 것마다 매번 효과를 보지 못했다고 말하곤 한다.

왜 그럴까? 사람들은 대개 눈앞의 현실보다 다가올 결과에 마음을 빼앗기고 만다. 지금 내가 어떤 땅을 밟고 서 있는지도 망각한 채 말이다.

✳ 변명의 보호막 속에 갇힌 일들

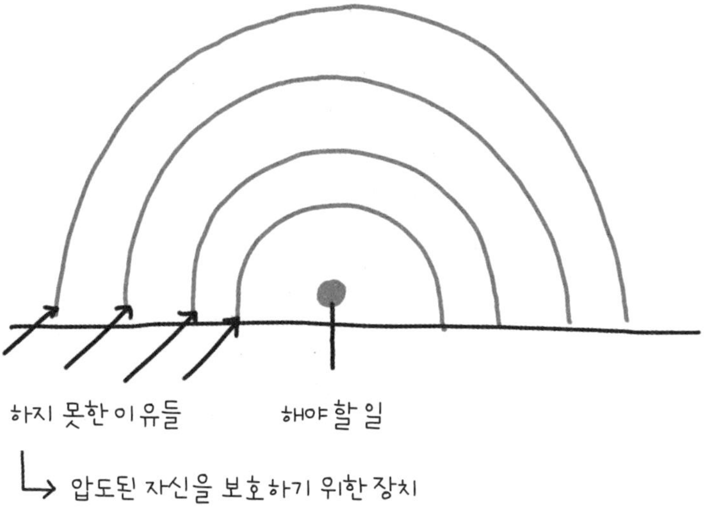

완수해야 할 일들 때문에 머리가 꽉 막혔을 때 손에 잡히지도 않는 미래는 현재의 당신을 압도할 수 있다. 그리고 압도된 스스로를 보호하기 위해 우리는 자연스럽게 하지 못한 이유들(변명들)을 만들어낸다.

미래의 '결과'보다 지금 당신이 걸어야 할 '과정'에 집중하자. 그것이 때로는 계획했던 것보다 시간이 더 걸릴 수 있음을 의미하기는 하지만, 대신 당신이 만든 변화들은 시간이 지나도 계속 유지될 수 있다. 지금부터 당신은 앞으로 나아가지 못하게 했던 이유들(변명들)을 제거해나갈 것이다.

마음은 준비가 됐는데 몸이 움직이질 않는다!

다음 3가지는 마음의 준비를 다 끝내놓고서도 결정적으로 행동에 옮기지 못하는 사람들이 많이 하는 말이다.

"정보가 너무 많아서 뭐가 중요한지 모르겠어요. 결정적으로 타이밍도 잘 안 맞고요."

당신은 뉴스 기사를 일주일에 몇 개쯤 접하는가? 성공한 사람들의 이야기와 명언들을 집요하게 찾아보지는 않는가? 이렇게만 하면 성공할 것이라고 귀에 속삭이는 듯한 아이디어와 약속 들이 담긴 웹사이트와 뉴스 기사, 성공사례 들을 잔뜩 수집만 하고 있지는 않은가?

"도와주겠다고 했던 사람들이 결정적인 순간에는 모른 척할 것 같아요."

다른 사람들은 어쩌면 저렇게 필요한 지원을 다 받는 건지 의아하게 생각한 적이 있는가? 어쩌면 당신을 돕겠다고 약속한 동료, 친척과 친구들이 당신의 아이디어가 '대박'이라고 말해줬는지도 모른다. 당신의 새 아이디어가 실행만 되면 바로 동참하겠다고 약속한 사람들도 있었을 수 있다. 그랬음에도 불구하고 당신은 어느 순간 의욕을 잃고 만다. 당신을 지원하겠다고 약속했던 사람들이 결정적인 순간에 약속을 지키지 않을 수도 있다는 불안감 때문이다.

"이 일도 잘하고 싶고 저 일도 잘하고 싶어요. 모두 제게 중요한 걸요."

부모 노릇할 준비가 안 돼 있는 부모들, 공부할 준비가 안 돼 있는 학생들, 그리고 관리할 자세를 갖추지 못한 관리자들을 나는 정말 많이 봐왔다. 모멘텀을 갖추기 위해서는 '준비가 안 돼 있다'는 말이 무슨 의미인지 이해할 필요가 있다. '삶과 일의 균형을 잡고 싶다'는 것은 다양한 영역에서 노력을 해야 한다는 의미다. 직장에서 발전을 위해 노력하면서 동시에 집에서도 개선점을 찾기 위해 애써야 한다.

일과 삶의 균형에 집착하지 마라

당신은 여러 가지 목표들을 동시에 원하고 있지 않은가?

- 망가진 인간관계를 개선한다.
- 회사 일과 개인적인 생활을 두루 챙긴다.
- 자녀들에게 긍정적인 영향을 준다.
- 몸도 마음도 건강히 한다.
- 동료들에게 신뢰를 얻는다.
- 프로젝트를 새로운 단계로 진입시킨다.

당신은 의식적으로 스스로에게 자신이 바라는 모든 것을 다 가질 수 있다고, 일과 삶의 균형을 성취해내야만 한다고 계속 말하고 있는 셈이다.

그러나 현실은 그렇지 못하다. 집에서든 사무실에서든 당연하고 평범했던 일들을 망치는 때는 있을 수 있다. 상대의 일을 먼저 배려해온 당신의 태도에 익숙해진 사람들의 기분을 상하게 만들 수밖에 없는 날도 오게 마련이다.

따라서 당신이 아무리 노력한다고 한들 다음의 상황이 당신에게

✳ 일과 삶의 '완벽한 균형' 같은 건 없다

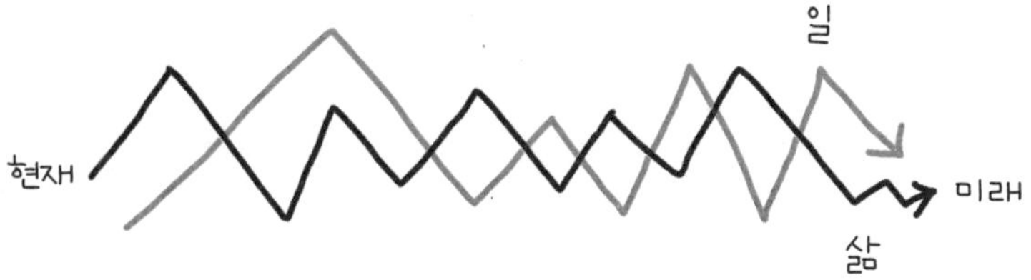

언제든 닥쳐올 수 있다는 것을 이해할 필요가 있다.

- '일과 삶의 완벽한 균형'이란 마법 같은 상태는 존재하지 않는다.
- 배우자나 연인이라고 해도 늘 좋은 기분으로 함께할 수는 없다.
- 친구들은 '새로운 당신'을 응원하지 않을 수도 있다.
- 동료와 자녀가 당신을 좋아하지 않을 날이 올 수도 있다.

나를 제어해줄 심리 트레이너

운동선수, 음악가, 배우, 그리고 비즈니스 전문가에 이르기까지 세계 최고의 반열에 오른 사람들에겐 모두 코치가 있다. 당신의 직업적 발전 계획에 코치를 포함시키면 일을 해내고, 변화를 만들고,

원하는 결과를 성취할 가능성이 더 높아진다.

헬렌 켈러Helen Keller는 다음과 같이 말했다. "혼자서 할 수 있는 일은 아주 적지만, 함께라면 정말 많은 일을 이룰 수 있다." 정체된 그 프로젝트를 마침내 시작하고 그 일에 전념하기 위해 당신 팀에 누구를 부르고 싶은지 생각해보자. 그리고 오늘 당장 그들에게 다가가자!

이 책 안에는 뜬구름 잡는 이론도, 과장도, 모든 사람에게 똑같이 적용되는 마법 같은 비법도 없다. 당신에게 권하는 활동은 전 세계의 사람들을 대상으로 모두 직접 실천해본 것들이다. 바로 이 방법들을 활용한 워크숍과 온라인 세미나를 20여 년간 진행해왔고, 나와 함께 의지를 되살린 수많은 사람들과 이 활동들을 활용해왔다.

당신은 절대 혼자가 아니다. 전 세계 사람들이 이 정보들을 활용해서 시들시들해진 의욕에 다시 생기를 불어넣고 있다.

나쁘지 않다는 게 나쁘다!

"그래도 그렇게까지 나쁘진 않아요."

당신의 삶을 한 번 들여다보자. 정말 제대로 살펴보는 거다. 아마도 그리 나쁘진 않을 확률이 크다. 아직 시작하지 못한 일들이 있다는 건 사실 별문제가 아니다. 진짜 문제는 당신의 일과 삶이 '나쁘지 않다'는 것이다.

그게 대체 왜 문제일까? "그럭저럭 괜찮다" "나쁘지 않다"는 정체에 빠지는 조건을 만들어내는 요소들이다. 우리에게 코칭을 부탁하는 사람들은 "이 정도면 괜찮다"로는 충분하지 않다는 것을 아는 사람들이다. 그들은 더 많은 걸 원한다. 짐 콜린스James Collins는 『좋은 기업을 넘어 위대한 기업으로Good to Great』에서 이렇게 말했다.

"좋은 것good은 큰 것great, 거대하고 위대한 것의 적이다. 그리고 거대하고 위대해지는 것이 그토록 드문 이유도 대개는 바로 그 때문이다. (중략) 위대한 삶을 사는 사람은 아주 드물다. 대개의 경우 좋은 삶을 사는 것으로 만족하기 때문이다."

지금까지 당신은 일의 체계를 세우거나 더 생산적이려는 노력을 해봤을 것이다. 스마트폰에 애플리케이션을 다운받아 할 일 목록을 관리했거나, 달력에 표시를 하는 것으로 일정을 관리해왔을 수도 있고, 심지어 시간이 부족할 때는 사무실의 동료(혹은 아내나 남편)에게 업무를 부탁한 적도 있을 것이다.

그러나 당신은 여전히 바쁘고 당신이 늘 원했던 원대한 프로젝트는 전혀 진척이 없을 것이다. 변화가 필요한 시간이다.

꽉 막힌 일을 시작하기 전에

개인의 생산성, 업무 관리, 그리고 효율성에 대한 워크숍을 15년

✱ 나쁘지 않다는 게 진짜 문제다

나쁘지 않다 ≠ 이 정도면 충분하다

넘게 진행하면서 우리는 의욕을 높이기 위한 모멘텀의 필요성을 인식해왔다. 국제 컨퍼런스에서 45분간 기조연설을 하거나 기업의 임원단과 이틀에 걸친 현장 미팅을 진행할 때에도 의욕이 갑자기 한 순간에 생겨나진 않는다는 것을 알고 있다. 하지만 일단 모멘텀을 만들고 나면 여러 일에 작동시킬 수 있다.

아래를 읽으며 당신이 탄력을 받았으면 하는 그 일을 떠올려 보자.

마음에 품은 지 꽤 오래된 '그 일'을 찾아라

좋은 소식을 하나 알려주겠다. 당신은 앞으로 무엇에 집중해야 할지 오래 고민할 필요가 없을 것이라는 것이다. 이 책을 읽고 있다는 것은 이미 무언가를 시작하길 원하거나 변화를 만들고 싶었음을 의미하기 때문이다.

그것이 일과 관련된 목표이든(새로운 커리어나 사업을 시작하는 것) 삶의 목표이든(아이의 삶에 더 많이 참여하거나 지역사회의 일에 참여하는 것)

✳ 변화하지 못하는 사람의 시간 배분

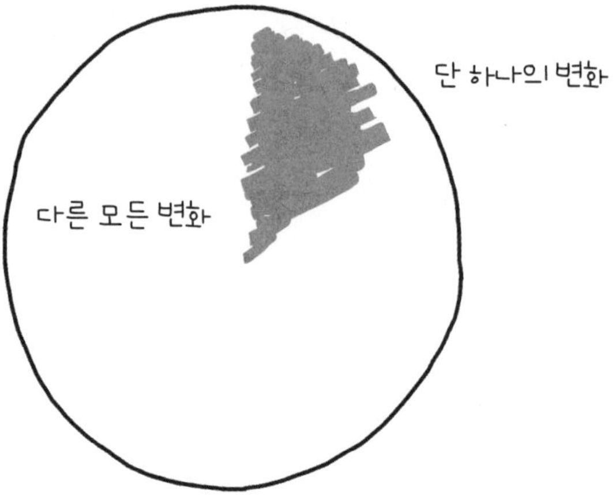

그 '무언가'가 당신의 마음에 자리 잡은 지는 이미 꽤 오래됐다.

마음속에 이미지를 그려라

많은 것을 할수록 많은 것을 배울 수 있다. 우리가 함께 일해온 사람들은 지금까지와는 다른 새로운 생각을 할 수 있다는 사실을 컨퍼런스나 모임, 혹은 휴가지에서 만난 누군가를 통해 깨닫게 됐다고 말하곤 한다. 당신이 하고 싶은 그 일과 비슷한 무언가를 하는 누군가를 알고 있는가? 일단 그런 사람을 만나거나 보고 나면 그

✳ 변화에 성공하는 사람의 시간 배분

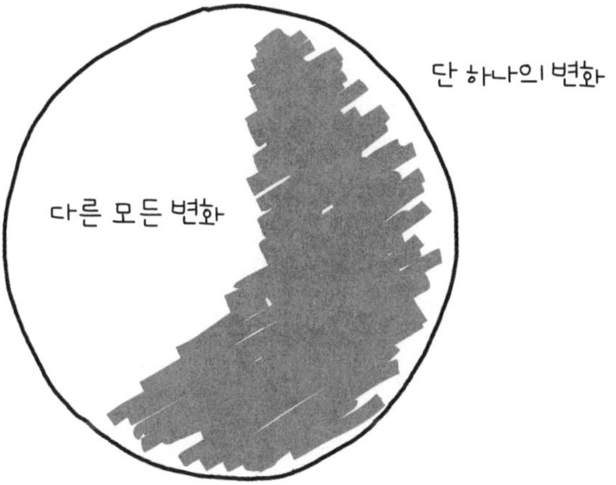

생각을 머리에서 떨쳐내기 어려운 법이다. 그래서 우리는 이제 당신에게도 시작할 수 있는 도구를 주려고 한다.

꽉 막힌 무언가를 시작하려고 할 때는 마음속에 이미지를 그리는 게 아주 중요한 도움이 된다. 당신이 이룬 성과와 다른 사람들이 그들 각자의 성과를 내기 위해 한 일(이라 짐작되는 것)을 비교하며 균형을 잡아보는 것이다.

완수할 프로젝트를 딱 하나만 고르자

스스로에게 '나의 관심'이란 선물을 주자. 어쩌면 당신도 무언가를 시작하고 싶은 마음만 몇 달씩, 혹은 몇 년씩 품어왔을 수도 있다. 이런 일은 갑작스런 변화나 하룻밤 새 부자 되기 같은 일회성 프로그램이 아니다. 우리가 배우는 과정들은 당신이 평생 활용할 수 있는 도구가 된다.

지금부터 당신에게 부탁을 하나 하겠다. 부디 모든 것을 전부 한꺼번에 시작하겠다는 마음으로 뛰어들지 말길 바란다. 이건 정말, 정말로 중요한 문제다. 스티브 잡스는 이렇게 말했다. "진짜로 중요한 일에 집중할 수 있는 유일한 방법은 '노NO'라고 말하는 것이다."

당신이 시작하고픈 딱 1가지 프로젝트에 집중하자. 그리하여 일단 모멘텀을 갖추고 그 일 하나를 제대로 완수하게 되면, 그때는 당신의 목록에 적힌 다른 일들에 활용하는 능력까지 자연히 따라오게 된다.

최종 목적지는 없다

이 책의 제목을 본 사람들은 이렇게 말하곤 한다. "와, 앞뒤가 꽉 꽉 막힌 정체된 일이 있는데 이 책이 도움이 될까요?" 우리는 우리의 워크숍, 온라인 아카데미, 그리고 이 책에서 만나게 되는 전략들이 누구에게나 효과가 있을 거라고 자신 있게 말할 수 있다. 그러나 한동안 제쳐두고 보류해뒀던 정체된 일을 시작하는 것이 얼마나 힘든 일인지도 잘 알고 있다.

이 책의 아이디어들을 적용하고, 활동을 실천해나가다 보면 당신은 예전과 달리 스스로 운전대를 잡고 주도적인 입장을 취하게 된다. 그러나 이 여정은 자동차 여행과는 달라서 최종 목적지라는 것이 없다. 길을 따라가다 보면 두고두고 좋은 자산으로 남을 엄청난 경험들이 쌓이게 될 것이다.

변화에도 준비 자세가 필요하다

자, 이제 '마음의 준비 자세'를 갖출 차례다.

나는 당신이 한 발 한 발 걸어나가는 데 도움이 될 거라 입증된, 분명한 길을 보여주고 싶다. 나는 당신이 결실도 없이 힘만 빼는 일을 요구하지도 않을 것이고 학구적인 철학으로 당신의 환심을 사려고 노력하지도 않을 것이다.

이제 아래의 3가지 항목을 읽어보자. 그리고 떠오르는 생각을 적어보자.

지금 해야 할 단 하나를 선택하라

"성공의 열쇠는 당신의 스케줄에 있는 것 중에서 우선순위를 정하는 것이 아니라 당신의 우선순위를 스케줄로 만드는 것이다." 리더십의 대가 스티븐 코비 Stephen Covey가 남긴 말이다.

당신에게 주어진 것들 중 가장 중요한 것이 무엇인지 판단할 수 있어야 한다. 지금이 시작을 위한 적기다. 멀리 갈 것도 없다. 내일의 할 일 목록을 지금 들여다보고 있건 평생의 멋진 휴가를 계획하고 있건 간에, 지금 당장 해야 할 최우선 순위를 알고 있어야 한다.

"당신은 모든 걸 가질 수 있다. 그게 모두 한꺼번에 다 되는 게 아닐 뿐."이라고 미디어의 거물 오프라 윈프리 Oprah Winfrey는 말했다.

현재 당신의 우선순위 목록을 만들어보자.

결국 사람과 하는 일이다

함께 시간을 보내는 사람이 바뀌면 하는 일과 보는 것은 물론, 생각하는 것과 가능하다고 믿는 것까지 바뀐다. 이 책을 통해 우리는 당신이 어떤 사람들과 얼마만큼의 시간을 보내는지 생각해보고, 때로는 관계를 재고해보라고 제안할 것이다.

당신이 대부분의 시간을 함께 보내는 사람들이 당신에게 영향을 준다. 그래서 신중할 필요가 있다. 당신 주변 사람들 중에는 당신이 시작하길 원하는 프로젝트에 모멘텀을 증폭시켜줄 사람들도 있을 수 있다. 그러나 안타깝게도 그다지 도움이 되지 않는 사람들도 있을 수 있다.

당신이 원하는 변화가 크면 클수록 좋은 사람들과 시간을 보내는 것이 중요하다. 당신을 격려하고, 밀어주고, 스스로의 말에 책임감을 갖게 만들어줄 사람들을 찾고 싶을 것이다. 누군가에게 이미 말한 일은 꼭 성취해야 한다는 압박과 긴장감을 느낀 경험이 누구에게나 있지 않은가. 만약 어떤 목표를 혼자만 간직하고 있었다면 마감기한을 놓치거나 그 일 자체를 아예 놓아버렸을 수도 있다.

현재 당신의 영향집단 목록을 만들어보자.

장소는 당신의 생각보다 더 중요하다

일하는 환경을 바꾸면 하는 일이 달라진다. 근무 환경을 개선하거나 완전히 바꾸면 생산성이 치솟을 수 있다. 다음 주 내로 회의실, 집 안의 식탁, 혹은 가까운 동네 커피숍에서 일을 해볼 수 있게 일정을 짜보도록 하자. 새로운 장소에서 일하는 동안 얼마나 더 (혹은 덜) 생산적이 될 수 있는지 관찰한다.

일하는 장소 목록을 만들어보고, 두루 생각해본 후, 최상의 환경을 만들어보자.

모두를 위한 해답은 없다

마법 같은 해답을 바라선 안 된다

자, 환상을 버리자.

언제, 어디서나, 누구에게나, 똑같이 적용되는 마법 같은 해답은 없다. 우리 각자의 마음속에는 저마다의 심리 스프링이 있기 때문이다. 사람들은 각기 일과 생활과 환경과 목표가 모두 다르기 때문에 사람에 따라 다른 심리적 스프링을 가지게 된다.

내가 당신에게 던지는 질문에는 당신만의 대답이 있다. 이 질문들은 당신만의 심리적 스프링을 만들 수 있도록 돕는다. 당신에게 던지는 질문은 당신의 현재 상황을 정확히 이해하고, 새롭게 시작하고, 정체 상태에서 벗어나면서, 진척 상황을 살필 수 있도록 고안됐다. 우리는 당신(그리고 이 책을 읽는 당신의 팀원들 모두)이 오늘부터 이 질문들에 자신만의 답을 만들고 기록할 것을 제안한다. 1년간 심리 스프링 만들기를 실행해나간다면 당신이 가능할거라 상상했던 것보다 훨씬 더 오래 원하는 목표를 밀고 나갈 수 있을 것이다.

내 안의 심리 스프링을 되살리는 질문

어린이 안전 교육 사업체를 창립하여 운영 중인 조 브뤼제스는 꽤 오랫동안 사업에 변화를 도모하고 싶다는 생각을 해왔다.

"저는 정말 훌륭한 사업체를 갖고 있었고, 사업은 날로 번창하고 있었어요. 하지만 늦은 밤과 주말에까지 가족과 떨어져 지내야 했죠. 언젠가는 좀 수월해질 날이 올 거라 생각하면서 계속 근무 시간을 늘려야 했어요. 그렇게 몇 달이 흐른 뒤, 더는 안 되겠단 생각이 들었죠. 뭔가 달리 해봐야 할 때가 되었다는 생각이 들었지만 어디서부터 어떻게 시작해야 할지 알 수가 없었어요."

한 달간 이어진 프로젝트 후에 조는 사업의 절차 2가지를 완전히 재정비했다. 첫째로 고객 확보 방법과 둘째로는 고객을 유지하는 과정이었다. 그로부터 반년 내로 조는 사업을 더 확장했을 뿐만 아니라 전년에 비해 가족과 함께 더 많은 시간을 보낼 수 있었다.

"판도를 완전히 바꿔준 건 바로 제이슨이 던진 질문들이었습니다. 더 깊이 파고들수록 제 사업의 기반은 더 단단해졌어요. 하지만 그게 다가 아닙니다. 저는 그 어느 때보다도 제 일과 삶을 제대로 장악하고 있다고 느껴요."

당신만의 속도를 만들어라

각각의 질문들은 당신이 당신만의 모멘텀을 만들 수 있도록 구성되어 있다. 당신이 필요한 것이 무엇이든 간에 5가지 질문을 당신의 아이디어와 활동에 활용한다면 일이 진척됨을 실감할 수 있을 것이다. 각 질문에서는 전략적인 계획, 그리고 당신이 무언가를 시작하고 집중할 수 있는 기반과 꾸준히 밀고 나갈 수 있는 구체적인 활동을 제시한다.

이제 당신에게 1가지 약속을 하려 한다. 만약 딱 하나의 프로젝트를 골라 이 책을 읽는 내내 그 1가지에만 집중한다면 모멘텀을 만드는 것 이상을 얻을 수 있다. 당신이 염원하던 정체된 바로 그 일을 완전하게 마무리하는 것!

이제 당신의 행동에 모멘텀을 장착할 준비가 됐는가?

그렇다면 이제 시작해보자. 아래의 질문에 답하고 기록해보자. 이 자가진단은 당신의 진정한 목표를 다시 인지하고, 필요한 준비를 하고, 한동안 정체돼 있던 일을 시작할 수 있도록 돕는다. 종이 노트에 손으로 써도 되고 스마트폰 메모장에 당신의 답변을 적어 저장하거나, 음성을 녹음하거나, 동영상을 찍어도 괜찮다. 각자에게 가장 편리한 도구를 사용하면 된다.

15분간 최대한 스스로에게 정직하도록 노력하면서 답변해보자.

스스로 점검해보기

- 내가 원하는 변화, 혹은 시작하고 싶은 프로젝트는 무엇인가?
- 얼마나 오랫동안 이것을 원해왔는가?
- 왜 지금인가? 정말 지금일까? 왜 지금인지 구체적으로 답해보자.

- 중요도를 1에서 5까지(1이 가장 중요한 단계)로 놓고 볼 때 지금 이 일을 시작하는 것의 중요도는 몇인가? (다시 말해, 미룰 수 있는 일인가?)
- 지금 시작하지 않는다면 지금으로부터 5년 뒤의 삶이 어떻게 될까? 구체적으로 상세하게 이야기해보자.
- 왜 아직까지 이 일을 시작하지 않았는가? 내가 할 수 있는 모든 변명들을 리스트로 만들어보자. 적어도 10개는 생각해보자.
- 이 일을 시작하기 위해 어떤 행동들을(밤늦게까지 깨어 있기, 주말에 일하기 등) 시도했는가?
- 정체된 프로젝트에 모멘텀을 부여하도록 이 책에서 가르쳐주는 방법을 실천하는 데 적어도 30분을 쓸 의지가 있는가? 만약 그렇다면 그 말에 책임을 질 수 있도록 도움을 받을 방법에는 어떤 것이 있을까?

가장 소중한 재산

우리는 이제부터 당신의 의욕을 고취시키는 모멘텀을 만드는 과정에 들어설 것이다. 이 책은 더 생산적이 되는 법을 다룬 책이 아니다. 우리는 당신이 예전에도 다 해봤던 것들을 또 하라고 요구할 생각이 없다.

당신이 뭔가 다른 것을 원한다면 뭔가 다른 시도들이 필요하다. 그리고 우리가 당신에게 요구하는 다른 시도는 다름 아닌, 바로 이것이다. 집중!

다섯 단계의 과정이 간단하게 들릴지도 모르나 막상 실천은 언제나 어려운 법. 그러나 그만한 가치가 있음을 약속한다. 만약 마음속에 한 점 의혹이라도 있다면, 혹은 누군가 모멘텀 과정을 실천하는 것이 진짜 그만한 가치가 있는 거냐고 묻는다면, 이 질문에 답해 보길 바란다.

'정체된 이 일에 계속 멈춰 서 있다면 나는 어떤 대가를 치르게 될까?'

당신이 받아들이는 정보가 당신의 삶까지 바꿀 수 있다. 당신이 한 발 한 발 내딛는 여정 내내 내가 당신을 돕기 위해 기다리고 있음을 기억하길 바란다. 지금 이 시점에서 우리의 목표는 모멘텀의 '규칙'을 제대로 소개하는 것이다. 일단 이것이 어떻게 작용하는지 알게 되면 당신이 맞닥뜨리게 되는 모든 프로젝트에 여기서 습득한 정보를 적용할 수 있다.

아, 1가지 더 기억하자. 아무도 혼자 해낼 수 없다. 어떤 누구도! 당신이 이 모멘텀 프로젝트를 친구나 직장 동료와 함께 해보기를 권한다. 파트너와 함께 제시된 활동을 해나가고 모멘텀 질문들에 답을 해나가다 보면 일정 수준의 동지애와 책임감을 쌓을 수 있고, 그 힘으로 쉽게 풀리지 않는 일도 수월하게 풀어나갈 수 있다.

만약 내가 누군가의 도움 없이, 다른 사람들과의 수많은 교류 없이 이 책을 썼다면 당신이 지금 들고 있는 이 책은 지금과 같이 보이거나, 들리거나 느껴질 수 없을 것이다.

우리는 잘 알고 있다. '함께'의 힘을 믿는다.

핵심 개념

이제 당신은 모멘텀 프로젝트의 첫 단계를 시작할 준비를 마쳤다. 당신이 성과를 낼 수 있도록 동기를 부여하는 것이 무엇인지 알아내는 것이 중요하다. 노트를 펼치고 첫 번째 모멘텀 질문에 답할 준비를 하자.

정체 상태란 당신에게 어떤 의미인가?

당신이 지금 어떤 상태에 놓여 있는지 스스로 정직하게 점검해보자. 스스로 질문하고 대답해봄으로써 당신의 현 상태를 진단해볼 수 있다. 당신의 진정한 목표를 인지하고 필요한 준비를 하고, 한동안 정체돼 있던 프로젝트를 시작하도록 탄력을 받는다. 당신이 진정으로 원하는 변화, 어느 정도로 이것을 원해왔는지, 왜 지금 변화해야 하는 것인지 분명하고 객관적으로 인지하도록 한다.

당신만의 모멘텀 노트를 만든다

정해진 형식은 없다. 당신이 가장 좋아하는 기록지를 하나 준비하자. 종이 노트에 손으로 써도 되고, 애플리케이션을 활용해서 그때그때 답을 타이핑하거나, 음성으로 녹음을 하거나, 동영상을 찍어도 괜찮다. 당신에게 가장 편리한 도구를 사용하면 된다. 어떠한 형태가 되었든 우리는 이것을 '모멘텀 노트'라고 부른다. 앞으로 제시되는 질문들에 대한 답을 모멘텀 노트에 적고 당신만의 강력한 도구를 만들어가자.

변화를 선언한다

바로 '지금'이 내가 원하는 변화와 꿈꿔왔던 프로젝트를 위해 모멘텀을 갖춰야 할 때임을 결정한다. 선언하고, 집중한다. 앞으로 5주 동안 직장 동료들이나 함께 사는 동반자에게 5가지 질문에 함께 답해나가자고 제안한다.

더 널리 선언할 수 있을까?

우리의 홈페이지(www.GetMomentum.com)를 방문하면 동영상 수업, 전문가 인터뷰, 연구 보고서, 책을 읽으며 활용 가능한 평가지 등 50종이 넘는 무료 자료에 접근할 수 있다. 물론 시간 활용을 더 잘하고, 더 생산적이 되고, 일과 삶을 개선하는 데 도움이 되는 아이디어들이 담긴 이메일이나 뉴스레터를 신청할 수도 있다. 이 책을 읽으며 더 개인적인 지원을 원한다면 우리들에게(Jodi@GetMomentum.com 혹은 Jason@GetMomentum.com)으로 이메일을 보내도 좋다. 당신의 목표를 전 세계적으로 선언하고 공표하자!

실천과 공유

1. 바로 '지금'이 내가 원하는 변화와 꿈꿔왔던 프로젝트를 위해 모멘텀을 갖춰야 할 때임을 결정한다. 선언하고, 집중한다.
2. 모멘텀 일지를 준비한다. 이 책을 읽어나가고 의욕을 고취시키는 질문들에 답을 해가면서 아이디어나 진척사항을 기록하는 데 활용한다.

3. 모멘텀의 단계와 질문들에 익숙해지도록 한다.

4. 우선순위 목록을 정하고, 모멘텀을 만드는 데 도움을 줄 수 있는 사람을 찾고, 더 생산적인 실질적 환경을 마련한다.

지옥으로 가는 가장 안전한 길은 지극히 평탄한 길이다.
그 길의 경사는 완만하고, 발밑의 땅은 부드러우며
갑작스런 갈림길도, 이정표도, 표지판도 없다.
—C. S. 루이스

GET MOMENTUM

2장

당신을 움직이는 내면의 힘을 찾아라

세상이 당신을 어떤 사람으로 알길 원하는가?

당신이 건너야 할 첫 번째 질문이다. 끈질기게 이 질문에 매달려 당신만의 대답을 내놓으면 '진정한 나의 모습'을 들여다볼 수 있을 것이다. 바라왔던 것을 이루고 싶은 내부적 울림이든, 변화가 필요하다는 외부적 요구이든, 지금 상태에 머물고 싶지 않다면 지금이 바로 시작할 때라는 건 분명하다.

동기부여는 허상이다

집요하게 물어야 하는 1가지 질문

이제는 당신의 관심이 가는 것이 무엇인지 인정사정없이 가려내야 할 때가 됐다. 당신의 핵심 동기가 무엇인지 분명히 밝히면 해야 할 일과 하지 말아야 할 일(이것이 더 중요하다!)을 결정하기가 쉬워진다.

당신은 세상이 당신을 어떻게 바라보길 바라는가? 당신은 세상에 어떤 사람이라고 알려지고 싶은가? 우리의 목표는 당신이 세상에 드러나 보이고 싶은 바로 그 모습이 될 수 있는 일에만 '예YES'라고 말할 수 있도록 돕는 것이다. 단순히 당신의 관심을 끌려고 애쓰고 있는 외부 요인들이나 당신의 가장 중요한 일에서 모멘텀을 확보할 수 없도록 방해하는 것들에는 '아니오No'라고 딱 잘라 말할 수 있어야 한다.

모든 것의 시작은 당신을 자극하는 어떤 사건이다. 이런 것을 '행동을 부르는 동기'라고 한다. 정체된 프로젝트를 다시 시작하게 하는 구체적인 이유들은 설득력 있고, 좋은 조짐을 보이며, 결정적이다.

당신이 행동할 수 없게끔 만드는 마음의 지점을 정확히 공략해 간지럽혀야 한다. 우리의 마음을 간질이는 단 한 글자, '왜why'가 바로 그 핵심이다. 당신이 하고 있는 일을 왜 하는지 알게 되면, 꾸준함을 잃지 않고, 필요한 일을 해내고, 무엇보다도 도움이 필요할 때 도움을 받는 법을 알아내기가 훨씬 쉬워진다.

'세상이 당신을 어떤 사람으로 알길 원하는가?'라는 질문에 대한 답에 집요하고 끈질기게 집중해야 한다. 어쩌면 하루 종일, 혹은 한 달, 아니 1년 이상 그 집중력을 유지해야 할 수도 있다. 당신의 이름을 걸고 남기고 싶은 성취에 모든 것을 맞추라는 이야기다. 집중력이(시간도, 돈도 아니다) 가장 귀중한 재산이다.

✳ 행동할 수밖에 없는 마음의 지점을 정확히 간지럽혀라

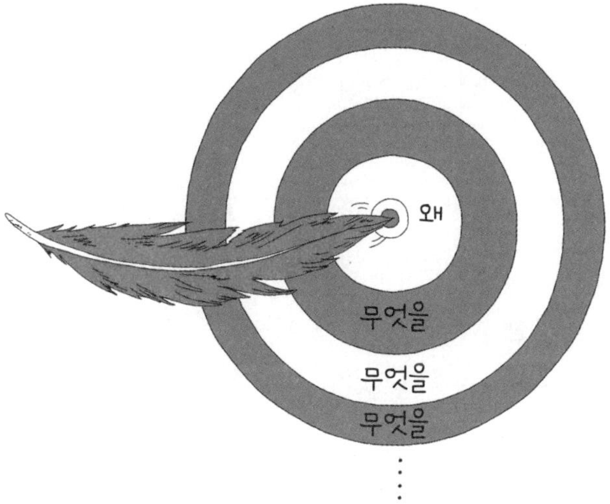

동기는 부여받는 것이 아니다

여기서 '동기motivation'라는 건, 한순간 스쳐가는 영감 이상의 것이다. 진짜 동기는 당신의 목표와 연결될 때 나온다.

당신이 지금 하는 일을 왜 하고 있는지 생각해보자. 해야 할 일

리스트에 있는 일이 당신이 할 일을 결정하게 하지 말자. 대신 '세상이 당신을 어떤 사람으로 알길 원하는가?'라는 질문과 관련지어 생각해보자. 이 거시적인 관점이 당신의 우선순위를 인도한다. 이 질문을 계속 따라가다 보면 당신이 왜 이 지구상에 존재하는지도 알 수 있게 된다.

스스로 동기를 찾아 부여하는 것은 동기를 부여받는 것과 다르다. 우리는 당신이 당신에게 내재된 더 높은 목적을 스스로 발견하길 바란다. 당신이 진짜로 잘할 수 있는 것, 당신이 정말로 알려지길 원하는 그 어떤 모습을 명확하게 시각화해야 한다.

첫 번째 모멘텀 질문 '세상이 당신을 어떤 사람으로 알길 원하는가?'의 답이 표면적으로는 간단해보일지도 모르나 당신이 적어둔 그 대답들은 앞으로 당신을 무척이나 바쁘게 만들고, 남은 평생 동안 더 중요한 것들을 해나가게 만들 것이다.

첫 번째 징검다리

'세상이 당신을 어떤 사람으로 알길 원하는가'라는 질문에 답하기 위한 첫 번째 징검다리를 건너보자.

아래 질문에 답해보자.

- 직장, 가정, 지역사회, 더 나아가 전 세계에서 내가 참여하고 싶은 구체적인 프로젝트 리스트를 만든다.
- 참석하고 싶은 이벤트의 리스트를 만든다.
- 만들어보고 싶은 소모임이나 지원하고 싶은 모임의 리스트를 만든다.

리스트를 다시 한 번 읽어보자. 물론 이런 생각들은 예전에도 해봤을 것이다. 그러나 이 질문에 대답하고 친구들이나 멘토와 이야기를 나누는 시간이 늘어날수록 목표와 연결된 실천들을 더 많이 하게 되고 더 강한 동기를 부여하게 된다.

동기부여에는 계기가 있어야 하는 법이다. 이 첫 번째 질문을 출발선으로 삼도록 하자. 당신이 좋아하는 일에 전념하는 것은 의욕을 높이고 꾸준히 노력할 수 있는 1가지 방법이다. 이미 달리고 있는 자전거에서는 균형 잡기가 더 쉬운 것처럼 일단 동기부여가 되면 유지하는 건 훨씬 쉽다.

세상은 당신의 '왜'에 감응한다

답은 세상이 주지 않는다, 답은 당신 안에 있다

달리던 속도를 늦추고 잠시 관심을 갖고 스스로를 돌아보면 어떤 일정한 패턴을 발견하거나, 새로운 통찰을 얻거나, 예전에는 놓쳤던 무언가를 발견할 수 있다.

당신도 '왜'에 대한 답이 '무엇을'에 대한 답보다 중요하다는 것을 알고 있었을지 모른다. 그저 막연하게! '왜'는 행동할 수밖에 없도록 콕 집어 정확히 간지럽혀야 하는 바로 그 지점이다. 막연하게 아는 것만으로는 안 된다. 정확히, 공략해야 한다.

당신보다 먼저 첫 번째 모멘텀 질문에 답을 해본 사람들은 '무엇을'에 대한 답을 아는 것보다 '왜'에 대한 답을 아는 것이 변화의 본질임을 경험으로 깨달았다.

"저는 언제나 제가 가진 게 부족하다고만 느껴왔어요. 하지만 질문에 대한 저의 답을 써보았을 때, 전 제가 원하는 변화에 필요한 동력을 이미 갖고 있다는 것을 알게 되었어요. 다만 그 에너지를 제가 원하는 변화에 집중시키지 못하고 있었던 거였죠. 이제 저는 아무것도 하지 않고 상황이 달라지기를 바라는 데에만 소모해버리던 '늘 부족하던' 에너지를 전환해서 지역 봉사에 집중하고 있어요."

"저는 놀랍게도 직장에서 제가 늘 하는 일이, 바로 제가 최선을 다 할 수 있도록 영감을 주는 일이라는 걸 깨달았어요. 제가 남기고 싶은 유산이 무엇인지 깨달은 것만으로 마치 제가 한 차원 높은 단계에 올라선 것 같은 느낌입니다."

전략 커뮤니케이션 전문가이자 베스트셀러 『나는 왜 이 일을 하는가』의 저자 사이먼 사이넥Simon Sinek은 2009년 「위대한 리더들은 어떻게 영감을 주는가」라는 제목의 테드TED 강연을 했다. 조회 수 2900만을 넘어선 이 강연에서 그는 이렇게 말한다.

"사람들은 당신이 하는 일을 보고 구매를 결정하지 않습니다. 사람들은 당신이 그것을 왜 하는지를 보고 구매를 결정합니다. 당신이 하는 일(당신의 what)은 당신의 신념(당신의 why)을 증명하는 역할을 할 뿐입니다."

나에게 동기를 부여하는 것은 무엇인가?

이제 스스로에게 던져야 할 질문은 이것이다. "정체된 일을 시작할 수 있도록 나에게 동기를 부여하는 것은 무엇인가(곧, 나는 왜 그것을 하는가)?" 그것이 바로 세상에 알리고 싶은 당신의 모습을 오늘부터 만드는 방법이다.

아래의 질문에 답해보자.

1. 나에게 동기를 부여하는 것을(상황, 행동, 활동 등) 10가지 이상 적어보자.

2. 극도로 몰입했거나 지극히 즐거워 시간 가는 줄도 몰랐던 때가 언제인

지 떠올려본다. 직장에서 아주 중요한 문제를 해결할 때일 수도 있고, 동반자가 자기가 보낸 하루에 대해 이야기하는 것을 차에 앉아 들을 때일 수도 있고, 저녁에 아이들을 데리고 외식을 나가 아이들의 말에 귀를 기울이고 있을 때일 수도 있다.

3. 내가 원하는 딱 하나의 변화, 혹은 시작하고 싶은 딱 하나의 프로젝트와 직결된 활동은 강조해서 표시한다.

첫 번째 질문은 바로 당신이 당신의 이름을 걸고 어떤 유산을 남기고 싶은지 생각하게 만드는 질문이다. 이는 리더십의 대가 스티븐 코비가 이야기하는 '리더십의 4가지 원칙'과도 일맥상통하는 부분이 있다.

스티븐 코비는 『성공하는 사람들의 7가지 습관』에서 리더십의 4가지 원칙에 대해 이렇게 말한다. 살고Live, 사랑하고Love, 웃고Laugh, 유산을 남기라Leave a Legacy는 것이다. 첫 번째 질문이 묻고 있는 것은 바로 이것이다.

"도대체 당신은 당신이 하고 있는 그 무엇을 왜 하고 있는가?"

얼핏 대답하기 쉬운 질문으로 보일 수도 있다. 그러나 답변을 고심한 끝에 찾아낸 그 답은 생각했던 것 이상의 무엇임을 깨닫게 될 것이다.

끊임없이 밀려오던 '마지못해 하는 일'들

서두르지 말자.

당신이 남기고픈 유산에 관한 질문의 답을 찾다 보면 당신을 다음 단계로 밀어 올려줄 에너지와 절박함을 동시에 발견하게 될 것이다.

이 질문은 더 큰 그림에 대해 생각해보도록 한다. 왜냐하면 지금 당신이 쏟는 시간, 돈, 집중력이 당신의 유산을 창조하기 때문이다. 이 질문에 분명한 답을 쓸 수 있게 되면 예전에는 한 번도 느껴보지 못한 동력을 느낄지도 모른다.

그러나 분명한 목표가 없으면 동기도 찾을 수 없다. 세상 어딘가에 당신이 (개선하고, 창조하고, 경험하길) 원하는 무언가가 없으면 모든 것을 그저 마지못해 하게 될 뿐이다.

성취하고 싶은 것을 결정하고, 명확히 규정하고, 선언하자. 그리고 책임감을 갖고 시작하자. 여기 몇 가지 조언을 덧붙인다.

1. 어디로 가고 있는지 쉽게 확인할 수 있어야 한다

당신이 시작하는 프로젝트가 버킷 리스트에 있는 것인가? 혹은 아주 오랫동안 꿈꿔왔던 정말 원대한 무엇인가? 『좋은 기업을 넘어 위대한 기업으로』의 저자 짐 콜린스는 그것이 아마도 "아주 커다랗고, 위험하고, 대담한 목표"일지도 모른다고 말한다. 그 목표를 성취하는 것이 당신에게 어떤 의미일지 적어보는 데 시간을 좀 더 할애하도록 한다. 원대한 '왜'를 명확히 하자.

당신이 꿈꾸는 유산을 남기는 삶, 그것이 가능하다는 걸 당신도 믿고 싶은가? 당신이 성취하길 바라는 것을 이미 성취한 사람들의 사례와 이야기를 찾아보자. 다른 사람들의 성공을 더 많이 목격하면 할수록, 그리고 그들의 방법을 더 많이 배우면 배울수록 당신의 목표도 현실이 될 수 있고, 손에 넣을 수 있다는 사실을 믿기 수월해진다.

2. 작은 노력의 과정들을 기록하자

진행되는 과정을 기록한다. 커다란 메시지나 사명을 적으라는 것이 아니다. 진행 상황을 기록하고 그때의 감정을 적어두는 것만으로도 정체됐던 프로젝트를 조금씩 앞으로 굴려가고 있는 모습이 눈에 보인다.

마음에 드는 노트 하나에 진척 과정을 세세하게 파악할 수 있도록 한다. 월간 리뷰를 하게 되면 어디까지 나아갔고 얼마나 성취했는지 한눈에 볼 수 있기 때문에 효과가 커진다. 스스로 만든 기록을 읽어보는 것은 스스로를 계속 독려해나갈 수 있는 원동력이 된다. 기간별 진척 상황을 눈으로 확인하면 중간에 힘들어 포기하고 싶을 때에도 동기를 자극하고 영감을 새롭게 받을 수 있다.

이렇게 만든 기록지가 당신의 의욕에 활기를 불어넣는 모멘텀 노트가 된다. 이 노트는 항상 손을 뻗으면 닿을 곳에 두자. 새로운 아이디어가 떠오르는 순간 놓치지 않고 확보할 수 있고, 언제 어디서든 꺼내 목표 성취에 필요한 행동 속도를 더 높일 수 있다.

때로는 단순히 무언가를 적는 행위만으로도 동기를 만들 수 있다. 작고 큰 노력들을 기울여 얼마만큼 진행해왔는지 깨닫고 계속 앞으로 나아갈 힘을 받을 수도 있다. 어쩌면 아직도 갈 길이 멀고도 멀다는 걸 깨달을 수도 있겠지만, 그럴 땐 일을 당신이 완수할 수 있을 만한 작은 일로 쪼개는 방법을 찾으면 된다.

3. 크고 작은 성취들을 의식적으로 체크하자

슬럼프에 빠지는 순간들도 올 것임을 미리 인지해야 한다. 그런 종류의 고난이 닥칠 때, 시도했으나 실패했을 때, 모든 걸 쏟아 부었는데 결과가 신통치 않을 때, 그때가 바로 커다란 질문에 다시 집중해야 할 때다. "세상이 나를 어떤 사람으로 알길 원하는가?"

'눈에서 멀어지면 마음에서도 멀어진다'는 말이 있다. 이 말은 우리 안의 동력을 만드는 과정들에 그대로 적용된다. 우리는 목표를 성취한 다음에 곧바로 다음 목표로 옮겨가는 경향이 있다. 나의 성공을 돌아보기 위해 잠시 잠깐도 멈추지 않는다. 주기적으로 자신의 성공을 기억하고 돌아본다면 지금 하고 있는 일을 더 발전시키는 동기를 만들 수 있다.

내부에서 움트고
외부에서 자극하는 바로 그때!

당신을 변화로 이끄는 것은 다음 2가지다.

1. 결코 털어낼 수 없는 당신 안에 내재된 어떤 생각
2. 행동에 자극이 되는 누군가나 어떤 것

이를 각각 내적 동기와 외적 동기라 부른다. 이 2가지와 본인의 관계를 이해하면 정체된 상황에서 추진력을 얻기 쉬워진다.

내적 동기는 세계적인 미래학자 다니엘 핑크Daniel Pink가 '자율성'이라 부르는 요소 중 하나다. 그는 본인의 삶을 스스로 이끌어가고

✳ 내부와 외부에서 이뤄지는 자극의 힘

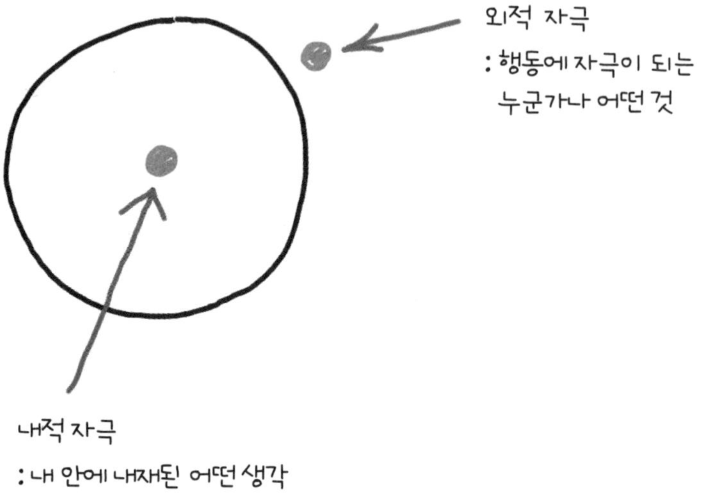

자 하는 욕망은 선천적인 것이라고 말한다. "우리는 모두 우리 자신보다 더 커다란 어떤 것, 가치 있는 어떤 것의 일부가 되길 원한다."

공저자인 조디는 내적 동기를 통해 '여성 비즈니스 소셜 클럽'을 결성했다. 여성 사업가와 리더들을 위한 활동에 힘을 쏟던 조디는 여성들의 비즈니스 네트워크가 더 견고해질 필요가 있음을 깨달았다. "누군가는 비즈니스 업계의 여성들이 정말로 참석하고 싶은 인적 네트워크의 장을 만들어야 해." 필요에 목마르던 조디는 스스로의 목소리에 귀를 기울이기 시작했다. 그리고 행동에 나서길 바랐던 누군가는 바로 자기 자신이었음을 깨닫게 됐다.

외적 동기는 변화의 형태로 찾아온다. 경제 사정의 변화, 직장에서의 승진, 장성해서 집을 떠나는 자녀들, 업계의 대대적인 개혁, 심지어 개인적인 위기까지 이 중 어떤 것이든 당신에게는 큰 도전이 될 수 있다.

당신의 커리어, 혹은 개인적인 삶의 어느 시점에서 어느 날 갑자기 누군가가 불쑥 전화를 걸어 일자리를 제안하거나 여행에 초대한다. 그들의 초대를 받기 전까지 자신이 그 일을 원하는지조차 알지 못했던 경험이 있지 않은가? 그러나 그들이 당신에게 물어온 바로 그 순간, 당신은 변화를 시작할 동기를 당신 안에서 발견하고 그들이 요청한 프로젝트를 맡게 되는 것이다.

당신을 화나게 하는 것을 찾아라

무엇이 당신을 좌절하게 만드는가?

2006년, 나는 내가 다니고 있던 컨설팅 회사의 고위 관리직으로 승진할 기회를 절대로 얻지 못할 거라는 사실을 불현듯 깨달았다. 내 커리어의 다음 단계를 상상하는 건 가능했으나 현실적으로 그곳에는 나를 위한 자리가 없었고, 앞으로도 영원히 없을 것임을 깨달은 거였다. 상황이 달라지길 원한다면 내가 변화를 시작해야 한다는 것도 깨달았다.

요즘 누군가가 "제이슨, 어떻게 그렇게 혜택이 많은 탄탄한 직장을 그만둘 용기를 냈죠?"라고 물어오면 나는 그저 웃으며 이렇게 말한다. "제 상황이 동기부여가 됐어요. 달리 선택할 수 있는 게 없었습니다!"

당신에게 동기를 부여하는 것이 무엇인지 알고 싶은가? 간단하다. 내적 갈등을 느끼게 하는 것이 무엇인지 알아내면 된다. 당신을 좌절하게 하고 화나게 하는 것이 무엇인지 생각해본다. 지금의 상황이 어떤지 생각해보고, 그것이 어떻게 달라지면 좋을지 상상해본다.

- 출근할 생각을 하면 속이 불편해질 정도로 싫은 직장에 매일 나가고 있는가?
- 이제는 어떻게 손쓸 수 없는, 예전의 결정을 두고 누군가와 언쟁을 벌이고 있는가?
- 이제는 더 이상 지속조차 불가능한 목표에 매달려 힘을 빼고 있는가?

내면의 질문에 집요하게 매달려라

아리아나 프리들랜더는 오랫동안 생각만 해왔던 프로젝트를 시작하게 된 이야기를 들려주었다. 그녀의 '깨달음의 순간'은 그녀가 이런 생각을 하던 중에 찾아왔다. '내가 원하는 것을 향해 진실한 방식으로 나만의 유산을 만들어나가고 싶다.' 그녀는 콜로라도에서 본인의 사업체 로사벨라 컨설팅을 창업한 지 반 년쯤 됐을 무렵, 기업가가 되기 위해서는 계속 배워야 할 필요가 있음을 깨달았다. 성공하길 원한다면 배움을 놓지 않는 것이 아주 중요했다.

그래서 북클럽을 론칭했다. 자신이 읽고 있는 좋은 책들에서 얻은 아이디어들을 고객들이 실행해볼 수 있도록 하기 위함이었다. 왜? 리더십에 관한 책들을 더 많이 읽으면 읽을수록, 배운 것들을 바로바로 적용하면 더 많은 것을 가질 수 있겠다는 생각이 들었기 때문이었다. 아리아나는 자신이 좋아하는 일을 현실화했을 뿐만 아니라 다른 사업가들이 새로운 아이디어를 사업에 적용하도록 지원할 수 있었다.

여성들을 위한 소셜 커뮤니티 L 디스트릭트Ladies District를 만든 니콜 앤서니도 내면의 질문 하나에 집요하게 묻고 또 물었다. 그녀는 여성들이 더 개개인에 특화된 온라인 커뮤니티를 경험할 수 있기를 원했다. 니콜은 '내가 어떤 사람으로 알려지길 원하는가?'에 대해 생각해봤을 때 그녀의 답은 분명했다. 여성들이 관계를 맺고, 협력하고, 서로에게 행복과 희망을 줄 수 있는 공간을 창조하는 사람이었다. 이 특별한 의도는 그녀가 만드는 모든 결정들과 그녀의 커뮤니티 일원들을 위한 모든 계획들을 이끌어주었다. L 디스트릭트는 그녀의 재미, 삶의 질, 그리고 인간관계에 중점을 둔 여성들을 위한 온라인 공간이다.

그들의 '왜'가
당신의 '왜'는 아니다

누구나 한번쯤은 동기를 부여하는 강연을 듣거나 활동에 참여해본 경험이 있을 것이다. 그런데 이런 활동에 참여한 모두의 경험이 다 똑같을까? 프로그램이 진행되는 동안 당신은 영감을 주는 이야기를 듣고 기분이 좋아진다. 그러나 다시 일상으로 돌아오고 나면 그 긍정적인 에너지를 어떻게 행동으로 옮겨야 할지 감이 잘 서지 않는다. 그렇다. 우리도 다 겪어본 일이다.

이미 동기부여가 된 사람의 말을 듣는 것은 일종의 도전일 수 있다. 그들은 그들이 무엇을 했고, 그들이 어떻게 했고, 그것이 그들에게 왜 중요했는지 이야기할 것이므로. 하지만 당신은 '그건 내가 하고 싶은 일은 아닌데'라고 생각하고 있는 자신을 발견하게 될 수 있다. 물론 그들의 노력은 분명 인상적일 것이다. 그들은 역경을 만나고 고난을 극복했을 것이므로. 그러나 그들이 행동한 이유는 그들의 동기에 근거한 것이다.

세계에서 가장 높은 봉우리에 오른 등반가나 올림픽 금메달리스트, 혹은 역경을 딛고 성공한 지역 유명인사의 이야기를 들어본 적이 있을 것이다. 그 이야기가 그들의 눈부신 성취에 대한 놀라운 이야기라는 데는 전혀 이의가 없다. 그들은 오뚝이 근성을 갖추게 된 성장과정, 혹은 자신의 목표를 성취하게 만든, 인생을 송두리째 바꾼 어떤 경험에 대해 풀어놓았을 수도 있다.

영감을 불러일으키는 이야기들은 잠시 동안 청중들에게 동기를 부여한다. 그러나 그 동기가 지속되는 경우는 드물다. 왜? 그들의 동기가 당신의 동기가 아니기 때문이다. 동기를 부여받았다는 '느낌'과 그것이 실질적으로 본인에게 '작용'하는 것은 전혀 관계가 없다.

불타는 열의가 왜 하룻밤을 못 넘길까?

우리는 2013년에 '모멘텀 리더십 아카데미'를 론칭했다. 워크숍에서 연을 맺은 사람들과 계속 함께하기 위해서였다. 일회성 만남에 그치지 않고 계속 만남을 이어나간다면 그들의 동기와 행동을 연결시킴으로써 계속 모멘텀을 유지하도록 도울 수 있다는 걸 알았기 때문이다.

대기업이나 중소기업이나 마찬가지로 회사들은 한 번의 커다란 행사를 기획하는 데 엄청난 돈을 들인다. 그리고 그런 행사에 우리 같은 리더십 코치들을 불러들여 직원들과 하루 동안 시간을 보내게 하지만 바로 다음 날이면 직원들은 그날의 열의를 잊어버리고 만다. 우리는 진심으로 이 문제를 바로잡고 싶었다.

그래서 우리의 사업 모델을 일회성 프레젠테이션을 제공하는 것에서 글로벌 커뮤니티의 관리자, 기업체 임원, 교사, 지역사회의 리더들에게 진행형의 코칭을 제공하는 것으로 전환했다.

매달 우리는 1가지 리더십 기술에 초점을 맞추고 그에 대한 평가와 활동에 대한 특별 리포트를 출간한다. 한 달에 한 번, 그달의 리더십 기술을 심층적으로 파고드는 온라인 글로벌 마스터 클래스를 운영한다.

그리고 한 달에 두 번, 회원들이 작업 중인 프로젝트에 대한 실시간 코칭을 받을 수 있는 화상 컨퍼런스를 개최한다.

이 책을 읽으며 당신도 알게 됐겠지만, 당신이 지금 연습하고 있는 전략과 똑같은 것을 배우고, 실험하고, 활용하고 있는 우리 회원들의 경험을 공유한다.

당신을 좌절하게 만들고 화나게 만드는 것을 찾아라.
그것만큼 당신에게 동기를 부여하는 것은 없다!

나의 자원을 어떻게 쓰는가?

대체 불가능한 단 하나의 자원

내가 가장 좋아하는 책 중 한 권인 『피터 드러커의 자기경영노트』에서 저자 피터 드러커Peter Drucker는 한 장 전체를 할애해 '자신의 시간을 관리하는 방법'이라는 제목으로 각계의 리더들에게 각자의 시간을 추적 관리하라고 조언하고 있다.

"모든 일에는 시간이 필요하다. 시간이야말로 단 하나의 참다운 보편적인 조건이다. 모든 일은 시간 속에서 일어나고 시간을 소모한다. 그런데도 대부분의 사람들은 이 독특하고 대체 불가능한 필수적 자원을 당연한 것으로 취급한다. 시간을 아끼고 사랑하는 것만큼 유능한 경영자를 특별하게 만드는 자질은 아무것도 없다."

아래의 질문들에 답하면서 당신이 자원을 어떻게 보내는지 이해하고, 변화를 위한 동기들을 탐구해보자.

나는 나의 시간을 어디에 쓰는가?

일주일간 시간별 기록을 해본다. 이렇게 하다 보면 당신의 우선순위에 얼마만큼의 시간을 보내는지(혹은 보내지 않는지) 알 수 있다.

나는 나의 돈을 어디에 쓰는가?

한 달간 소비 내용을 추적 관찰하다 보면 제한된 자원을 어디에 투자하고 있는지 알 수 있다. 우선순위로 구매하고 있는 것들이 '나는 어떤 사람으로 알려지길 바라는가?'에 부합하는가?

나는 나의 어떤 부분이 달라지길 바라는가?

이 질문의 답을 생각하는 데 시간을 보내다 보면, 당신의 새로운 시작을 가능하게 할 만한 더 깊은 단계들이 있음을 깨닫게 될 것이다.

정말로 지금이 변화가 필요한 때일까?

정말 지금 변화할 때인가? 기다려야 하거나 기다릴 수 있는 건 아닌가? 그렇다면 이제 변화의 과정에 전념할 때다. 만약 당신이 시작을 원한다면, 변화를 만들어야 한다.

당신은 준비가 됐는가? 정말로, 준비가 됐는가?

스스로에게 온전히 집중하는 순간

지금까지 질문에 답한 당신은 이제, 당신이 하기로 약속한 일을 시작할 동기를 갖췄다. 그 약속이 당신 자신을 위한 것이라면 시작할 준비가 됐다는 느낌을 받을 것이다. 무언가에 전념하게 되면 자신이 하는 일과 자신이 그 일을 하는 이유를 지지하고 지원하게 된다.

이제 잠시 짬을 내어 요한 볼프강 폰 괴테의 글을 음미해보자.

> 온전히 전념할 수 있기 전엔 망설임과 중도 포기의 가능성, 그리고 비효율이 언제나 도사리고 있다. 창조와 진취적인 일의 모든 행위들과 관련해서 기본적인 진리가 하나 있다. 우리의 수많은 새로운 생각과 놀라운 계획

들을 죽여버리는 것들을 무시해야 하며, 스스로에게 온전히 전념하는 순간 신의 섭리도 움직인다는 것이다.

그러면 이전엔 달리 절대로 일어나지 않았을 일들이 우리를 돕기 위해 일어나기 시작한다. 바로 그 결정에서부터 일련의 사건들이 모두 일어나기 시작하고, 아무도 우리에게 찾아오리라 꿈꿔본 적도 없는 뜻밖의 온갖 사건, 만남, 그리고 물질적 도움이 우리에게 유리한 쪽으로 다가온다. 당신이 할 수 있거나 꿈꿀 수 있는 것이 무엇이든 간에, 시작하라.

대담함 속에는 천재성과 힘과 마법이 숨어 있다. 지금 시작하라.

더 큰 변화를 창조하길 원하는가? 누군가에게 이야기하도록 하자. 동료, 식구, 혹은 친구에게 당신이 무엇을 할 것이고, 진척 상황은 언제 공유할 것인지 이야기한다. 최종 완료일을 못 박을 필요는 없다. 당신을 계속 앞으로 나아가게 해줄 중간 단계의 이정표를 설정한다. 이렇게 하면, 그 일은 이제 더 이상 당신의 머릿속의 생각만으로 머물지 않게 된다. 사람들은 당신을 믿고 있다. 말을 하고 나면 더더욱 의욕을 높일 수 있다.

당신은 자신이 한 말은 지키는 사람이지 않은가?

변화하는 당신을 가로막는 사람들

당신의 열의와 성취를 비난하는 사람들을 조심해야 한다. '키 큰 양귀비 증후군tall poppy syndrome'이란 것이 있다. 눈에 띄는 장점을 가진 사람들이 '평범한' 사람이 될 때까지 깎아내리거나 공격하는 사회 현상이다. 동양에는 '모난 돌이 정 맞는다'는 속담이 있다. 흥미롭게도 당신이 열의를 갖추고, 열망하는 삶을 만들 의욕을 갖췄다면 다음과 같은 비난을 받을 수도 있다.

- 에너지가 너무 많다.
- 너무 많이 일한다.
- 너무 열심히 노력한다.
- 절대 쉬지 않는다.
- 늘 더 많이 원하고, 절대 만족하지 못한다.

이런 비난이 당신의 발목을 잡게 놔두지 말자. 당신은 창조하는 사람, 만드는 사람, 행동하는 사람이다. 어떻게 하면 조금씩이라도 발전할 수 있는지 내다보고 생각해야 한다. 그리고 생각하는 것 이상으로 행동해야 한다. 밖으로 나가고, 사람들을 만나고, 새로운 시도를 하고, 그렇게 하루하루 조금씩 발전해나간다.

당신이 최선을 다하고, 최선이 되고자 하고, 최선을 누리고자 하는 의욕을 주위 사람들이 꺾으려 들 수도 있으니 아예 이 과정의 초반부터 당신의 시스템을 만들 필요가 있다. 앞으로 제시하게 될 질문들과 단계들은 당신이 방해꾼들을 극복할 수 있는 자원을 갖추도록 돕는다.

기회를 걷어차는 '누군가의 법칙'

누군가 해야 해
누군가, 누군가, 누군가…

어느 날 조디는 깨달음과 함께 눈을 떴다. "가만, 나는 사업가잖아? 사업가들은 다른 사업가들을 만나기 위해 네트워킹 행사에 참여하는데 난 지금 뭘 하고 있는 거지?"

그래서 그녀는 지역 비즈니스 미팅에 갔다. 그 뒤에도 한 번 더 가고, 그 뒤로도 또 갔다. 원하기만 한다면 매달 참여할 수 있는 다양한 행사들이 정말 많았다. 그러나 매번 참여할 때마다 그전보다도

✳ 지금 변화할 준비가 됐는가?

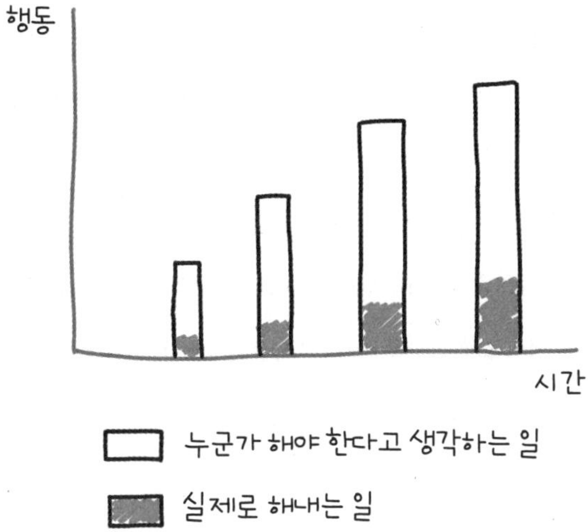

더 외로워지고 의욕만 더 꺾일 뿐이었다. 때는 2008년 후반, 경제가 무너지고 있었고 저마다 사업이 얼마나 안 되는지에 대해서 할 말들이 많던 시절이었다.

늦은 저녁, 그해의 마지막 행사에 참여하고 집으로 돌아오며 조디는 생각했다. "회사를 시작하기 전에 이런 모임에 나가지 않은 게 얼마나 다행인지!"

그래도 비즈니스 커뮤니티에 나가 참여해야 한다는 사실을 조디는 알고 있었다. 어느 날 나와의 대화에서 조디는 말했다. "누군가가 나서서 사람들이 정말로 가고 싶어 할 네트워크 이벤트를 만들어야 해. 핵심 인물들을 한자리에 모으고 이 지역의 좋은 사업 정보를 공유할 수 있는 방법을 누군가가 찾아야 한다고. 누군가가 만들어야 해."

며칠이 지난 날 아침, 조디는 나와 함께 커피 한 잔을 놓고 앉아서 "누군가 만들어야 해" 타령을 반복하고 있었다. 그때 나는 말했다. "저기 있잖아, 사실 나는 그 '누군가'가 당신인 것 같아. 다음 달에 당신이 이벤트를 기획해서 이 지역에서 알게 된 사업주들을 초대해봐. 그리고 어떻게 되는지 한번 보는 거야!"

조디는 동네 음식점 사장님에게 전화를 해서 화요일 저녁에 연회장을 열어줄 수 있는지 물었다. 화요일은 손님이 많지 않은 날이었기 때문에 사장님이 무료로 대여해줄 수 있지 않을까 하는 바람이었다. 사장님은 이렇게 말씀하셨다. "빌려드릴 수는 있는데 1가지 조건이 있어요." 조디는 초조하게 그녀의 다음 말을 기다렸다. "거기서 뭘 할 생각인지 자세히는 모르겠지만 저랑 제 딸도 끼워주세요." 콜!

조디는 퇴근 후 함께 한잔하며 대화의 시간을 갖자는 취지로 십여 명의 여성 사업가들을 초대했다. 모두에게 자기소개와 회사 선전을 요구하는 대신, 조디는 각각의 여성 사업가들에게 사람들이 본인을 한 인간으로서, 가족의 한 사람으로서, 사업주로서, 혹은 지역사회의 일원으로서 어떻게 생각해주기를 바라는지에 대해 공유하자고 제안했다.

분위기의 변화는 즉각적이고도 강력했다. 사람들은 긴장과 경계를 풀고 편하게 대화를 나눴다. 우리는 웃고, 농담하고, 120분이라는 시간 동안 서로를 진정으로 알게 됐다.

그로부터 일주일 후 조디는 여러 통의 감사 전화와 이메일을 받았다. 모두들 다음 모임에 대해 물었다. 다른 친구들도 데려오고 싶다고 했다. 조디는 생각했다. '아, 다음 모임? 그거 정말 좋은 생각이네.'

그렇게 매달 열리기 시작한 '여성 비즈니스 소셜 클럽'은 5년째 이어지고 있다. 조디는 웹사이트(www.NoMoreNylons.com)와 온라인 커뮤니티도 만들었다. 제이슨과 함께 뉴욕, 런던, 취리히 등 미국과 유럽의 여러 멋진 도시들에서 모임을 개최했다.

이 모임을 '노 모어 나일론No More Nylons(나일론은 이제 그만)'이라고 이름 지은 이유는 우리가 해야만 하던 일에서 벗어나 우리가 사랑하는 일로 뛰어드는 자세의 변화를 상징하는 이름이라고 생각했기 때문이다.

감정 과잉을
커다란 동기라고 착각하지 마라

이제 당신 안에 움튼 동기가 느껴지는가? 당신 안의 동기를 온전한 당신 것으로 만들어야 한다. 당신은 당신에게 일어나야 마땅한 '그 일'을 기꺼이 진척시켜나갈 준비가 됐다. "누군가가 그 일을 위해 뭔가를 해야 해……."라는 말은 이제 그만할 때가 됐다. 그 일을 할 사람이 당신이란 사실을 받아들여야 한다. 당신이 목격하고 있는 그 갈등을 해결할 사람은 바로 당신이다.

명예나 영광을 위해 하는 일이 아니다. 해야만 하는 일이기 때문에 하는 거다. 그리고 당신도 알다시피 그것을 해결해야 할 문제로 인식하고 있는 사람이 바로 당신이지 않은가.

스스로에게 약속을 하는 거다. "이제 시작이야." 그리고 당신이 알려지길 원하는 그 사람이 되기 위한 행동을 시작한다. 이렇게 하면 곧 주위 사람들까지 자극받기 시작하는 것을 느끼게 될 것이다. 그리고 더 많은 사람들이 그들의 "왜?"라는 질문에 따라 살아가는 것을 보게 될 것이다.

그 모습이 꼭 '의욕 충만'하고 '감정 과잉'의 흥분 상태일 필요는 없다. 정말 커다란 동기와 열의를 품은 사람들과 이야기해보면 의외로 조용하고, 신중하고, 예술적인 경우가 많다. 동기부여가 됐다는 것이 꼭 흥분했거나 에너지 넘친다는 의미는 아니다. 그것은 당신이 열심이고, 힘을 갖췄으며, 자기 자신에게 전념하고 있음을 의미한다.

크고 작은 놀라운 일들을 가능케 한 사람들은 팔짱 끼고 서서 구경만 하던 사람이 아님을 기억하자. 그들은 떨치고 일어나 이렇게 선언한 사람들이다.

"더 이상 이렇게는 안 돼. 이제 행동할 때가 됐어."

핵심 개념

첫 번째 단계는 심플하지만 매우 강력하다. '세상이 당신을 어떤 사람으로 알길 바라는가?'라는 질문의 답을 찾는 데 시간을 투자하자. 해야 할 '사명'을 받은 것처럼 마음 깊이 느끼는 것이다. 끈질기게 이 질문에 매달려 당신만의 대답을 내놓으면 진정한 나의 모습을 들여다볼 수 있을 것이다.

이 질문이 거대한 모멘텀의 시초가 된다. 늘 원해왔던 무언가가 있었다는 내부적 울림이든, 직장 상사가 당신을 새로운 프로젝트를 시작할 적임자로 지목하는 외부적 요구이든 어느 쪽이 되었든 지금이 바로 시작할 때라는 건 분명하다.

나는 언제 동기를 느끼는가?

예전 자기계발서들에서 이야기하는 케케묵은 동기부여 방식은 더 이상 통하지 않는다. 멋드러진 몇 문장이 당신을 움직이지 않는다는 말이다. 당신을 화나게 하는 일들과 풀어야 할 문제들을 당신 스스로 찾은 다음 다른 사람들에게 공언해야 한다. 그리고 행동으로 옮기지 않는 한 동기는 절대 가질 수 없다.

만약 무엇을 시작해야 할지 확신이 서지 않는다면, 자꾸만 신경이 쓰이는 것이 무엇인지, 당신을 화나게 하는 것이 무엇인지 생각해보자.

무엇이 당신을 좌절하게 하는가?

정기적으로 당신을 좌절하게 하고 갈등하게 하는 것을 5가지 적어보자. 이 부분에서는 아주 솔직해야 한다. 삶의 문제, 직장의 문제, 공동체의 문제, 그게 무엇이든 진짜 문제들을 적는다. 그런 '평범한' 일상의 문제들이 어쩌면 삶에 변화를 만들 동기를 인식하게 하는 가장 좋은 계기가 될 수 있다. 준비가 됐다면 당신이 원하는 변화와 시작하고 싶은 프로젝트에 모멘텀을 받는 것이 어떻게 당신, 당신의 일, 당신의 가족, 혹은 지역 공동체의 문제를 해결하고 상황을 개선할 수 있을지 적어본다.

당신의 자원들을 어떻게 쓰는가?

나의 시간을 측정하는 세부 질문들에 답해보자. '나는 나의 시간을 어디에 쓰는가?' '나는 나의 돈을 어디에 쓰는가?' '나는 나의 어떤 부분이 달라지길 바라는가?' '정말로 지금이 변화가 필요한 때일까? 기다려야 하거나 기다릴 수 있는 건 아닌가?'

실천과 공유

1. 부모님 세대의 동기부여 방식을 생각하면 안 된다. 당신을 좌절하게 하는 것들(그리고 해결해야 할 갈등)을 찾아 명확히 밝히고 자기 자신과 다른 사람들에게 약속한 것들을 행동으로 옮기지 않는 한 동기부여는 기대하기 어렵다.
2. 모멘텀의 1단계는 간단하다. 무언가를 해야 할 사명을 받은 것처럼 느낀다. '당신은 어떤 사람으로 알려지길 원하는가?'라는 질문의 답을 찾는 데 시간을 투자한다.

3. 만약 무엇을 시작해야 할지 확신이 서지 않는다면, 자꾸만 신경이 쓰이는 것이 무엇인지 생각해본다.

끊임없이 성공하는 최고의 방법 중 하나는
정체에 빠졌다고 느낄 때마다 적용할 수 있는
비장의 전략을 보유하는 것이다.
– 킴벌리 웨일(연설가)

G E T M O M E N T U M

3장

가능하다는 것을 아는 것만으로도

나를 계속 앞으로 나아가게 하는 사람은 누구일까?

당신이 오직 그만두고 싶다는 생각밖에 안 드는 순간에도 장애물들을 피해 계속 앞으로 나아가도록 돕는 사람을 어떻게 만들 수 있을까? 가능하다는 것을 아는 것만으로도 마음의 한계를 넓힐 수 있다. 당신의 대담한 목표를 기꺼이 공표하고, 나누고, 조언을 들음으로써 의욕을 끌어올릴 수 있다.

애초부터 불가능한 일이었을 수도 있다

아뿔싸, 아무도 협력하는 법을 가르쳐주지 않았다!

학교에 다니는 동안 당신은 모든 것을 혼자 하도록 지도받았다. 시험도 혼자 힘으로 봤고, 과제도 대부분 혼자 힘으로 준비했고, 오로지 자기의 것으로 자기만의 성과를 보여줘야 했다. 간혹 '그룹 프로젝트'를 할 때는 둘 중 하나였다. 한 사람이 모든 걸 혼자 다 하거나, 모두가 각각 한 부분씩 맡아 따로 한 다음 하나로 취합해서 제출하거나.

그러다가 첫 직장에 들어가고, 원대한 개인적·사회적 목표를 성취하기 위한 노력을 들이게 됐다. 어느 날 갑자기 실질적인 협력이 필요해진 것이다. 갑자기 필요해진 협력하는 법은 어떻게 배운 걸까? '독립적인 개인'에서 '자신의 롤 모델을 찾는 사람'으로의 전환은 어떻게 이루어졌을까?

아마도 당신은 공식적, 혹은 비공식적인 선배를 찾았을 것이다. 당신에게 조언을 해주는 누군가를 만나 그들이 어떤 사람이고 무엇을 하는지 관찰했을 것이다. 그들은 그들의 말과 행동으로 당신이 어떻게 다음 단계에 도달할 수 있는지 방법을 전수해주었을 것이다.

누구나
새끼오리 시절이 있다

우리는 누구나 존경하고 믿고 따를 사람을 필요로 한다. 우리가 코치, 선생님, 혹은 멘토라고 부르는 사람들 말이다. 첫 번째 질문을 통해 행동을 위한 동기를 명확히 하고 나면 당신의 길에서 당신보다 좀 더 멀리 가 있는 사람을 찾아보자. 그 사람이 잘 아는 사람이

건, 한 달에 한 번 커피나 한잔하자고 불러낼 수 있는 사람이건, 책이나 이메일, 혹은 소셜미디어를 통해 배움을 얻을 수 있는 사람이건 상관없다.

일단 당신이 어떤 사람으로 알려지고 싶은지 알고 나면, 그 방면에서 이미 알려진 사람의 사례를 찾기 시작해야 한다. 당신이 원하는 일에서 이미 성공한 사람이 있다는 사실을 아는 것만으로도 시작의 동력을 얻을 수 있다.

어쩌면 앞으로 만날 일이 전혀 없는 사람에게서도 많은 걸 배울 수 있다. 멘토를 한 번도 만나지 못한다 해도 괜찮다. 단순히 누군가의 성공과 그들의 여정에 대해 배우는 것만으로도 당신이 일어나길 바라는 일을 현실로 만들기에 충분하다.

가능하다는 것을 아는 것만으로도 달라진다

1940년대와 1950년대의 육상대회는 전 세계적으로 몇 안 되는 사람들에 의해 지배됐다. 1954년 잉글랜드 옥스퍼드의 이플리로드 트랙에도 그 전과 다름없이 육상선수와 코치 그리고 관중들이 모

✳ 가능하다는 것을 아는 것만으로도

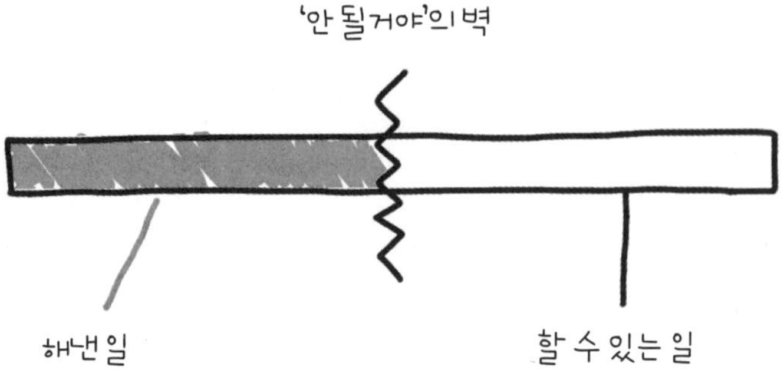

여들었다. 몇몇 선수들은 그때까지 한 번도 나온 적 없는, 그러나 모두가 탐내온 기록인 '4분당 1마일(약 1.6킬로미터)'에 도전하기 위해 나타났다. 1마일을 4분에 달린다는 건 곧 시속 15마일(약 24킬로미터)로 달린다는 이야기다.

그런데 1954년 5월 6일 저녁, 로저 베니스터Roger Bannister라는 의대생이 정말로 4분간 1마일을 달리는 데 성공했다. 육상대회 역사상 유례가 없던 일이었다. 그런데 놀랍게도 한 번 기록을 깨뜨리자 그 뒤로는 그 기록이 속출했다. 심지어 몇몇 고등학생 선수들은 1마일을 달리는 데 4분이 채 안 걸리기도 했다!

어떻게 된 일일까? 어떻게 1954년 전까지는 실현 불가능한 일이었던 기록이 갑자기 흔한 일이 된 걸까?

로저 베니스터가 그 목표를 성취하는 것을 본 순간 다른 선수들에겐 그것이 가능한 일이라는 믿음이 생겼던 것이다. 그리고 선수들에게 믿음이 생기자 성취를 더더욱 열망하게 됐다.

자, 다시 한 번 생각해보자. 당신에게 무엇이 가능한지 보여줄 수 있는 사람, 그래서 당신이 따라가고, 만나고, 대화할 수 있는 사람은 누구일까?

그들을 찾아내서 만나고 당신이 하고 있는 일을 공유하도록 한다. 당신의 목표인 "나는 어떤 사람으로 알려지길 원하는가?"의 진가를 인식하는 멘토를 만나면, 당신은 힘을 받아 그 어느 때보다도 많이, 빨리, 쉽게 배울 수 있다.

비슷한 사람들은 비슷한 사람들을 끌어당기고, 성공은 성공을 끌어당긴다. 더 이상 책상 앞에만 앉아 있지 말자. 이메일이나 소셜 미디어 포스팅 뒤에 숨는 일도 그만두자. 집이나 사무실에서 나와야 한다!

당신의 프로젝트를 진척시킬 생각이 있다면 지금까지와는 다른 사람들과 시간을 보내야 한다. 물론 현재의 인맥이 당신을 여기까지 오도록 도왔겠지만, 더 이상 그들은 당신이 더 앞으로 가고 싶은 곳까지 이끌어줄 사람들은 아닐 수도 있다는 걸 명심하자.

전설이 된 영화배우이자 무술인인 브루스 리Bruce Lee는 이렇게 말했다. "유용한 것은 활용하고 무용한 것은 거부하라. 그리고 분명한 나만의 것을 보태라."

트랙 없는 경기장, 잘못된 길을 달린다

반경 50킬로미터의 기적

빅토리아는 사진작가다. 그녀가 본인의 작가 경력에서 새로운 단계로 도약할 때가 됐을 때 우리는 흥미로운 계획을 세웠다. 빅토리아에게 그녀의 집에서 반경 50킬로미터 내에 위치한 갤러리 30곳의 리스트를 만들어보라고 했다.

빅토리아는 3개월의 시간 동안 주변 갤러리들의 개막전에 참석하고, 소식지를 구독하고, 소셜미디어를 통해 갤러리의 대표들과 인맥을 맺었다. 더 나아가 빅토리아는 그 갤러리들에서 전시한 경험이 있는 예술가들에게도 연락을 시도했다. 몇 통의 이메일을 주고받고, 전화 통화로 약속을 잡기도 했으며, 몇몇과는 커피 한 잔을 놓고 격의 없이 만나 대화를 나누기도 했다.

빅토리아는 그들과의 만남이 이듬해에 그녀의 개인전을 여는 데 도움이 된 것은 물론이고 그들이 먼저 값비싸게 치렀던 실수들도 피해갈 수 있게 해줬다고 했다.

엄청나게 대단하고 위대하고 신비로운 '그 사람'은 없다!

지난 수년간 우리와 함께 일해온 조직의 거의 모든 리더들이 직원들의 직업적 발전의 핵심 요소로 꼽은 것은 바로 경험과 지식이 풍부한 사람에게 지도와 조언을 받아 잠재된 능력을 개발하는 것이었다.

조력자라는 단어가 당신에게 무슨 의미인지 한번 생각해보자. 우리는 조력자를 '비즈니스 경험, 혹은 인생 경험이 많은 사람으로, 당신의 능력과 기술을 연마하도록 일조함과 동시에 당신이 새로운 기회를 준비할 수 있도록 돕는 사람'이라고 정의한다.

당신이 살아오며 만난 선생님, 코치, 직장 상사, 가족, 친구들을 먼저 떠올려보자. 당신이 시작하고 싶은 프로젝트가 무엇이든 간에 그 길을 먼저 가본 사람, 그리고 당신이 의지하고, 배우고, 따라할 수 있는 사람들을 찾아보자.

타이머를 30분으로 맞춰놓고 다음 질문에 답해보자.

'내가 하고 싶은 일을 이미 해냈고, 그에 대해 내가 대화하고, 인터뷰하고, 배울 수 있는 사람이 내가 이미 알고 지내는 사람들 중에 있는가?'

"조력자를 찾으라"고 하면 많은 사람들이 엄청나게 대단하고 위대하고 신비로운 사람을 찾으려고 골머리를 쓴다. 하지만 멀리서 찾을 필요 없다. 아는 사람 중에 그 정체를 푸는 데 도움을 줄 수 있는 사람을 찾아보는 거다. 그다음 이 사람들에 대해 알고 있는 사실들을 확인한다. 그들이 하는 일은 무엇이고, 그들이 알고 있는 것들은 어떻게 배웠으며, 지금의 위치까지 가기 위해 무엇을 했는지 경험과 경력을 추적해본다.

그들에 대한 정보를 더 많이 모을수록, 꽉 막힌 일을 진척시키는 과정에서 그들에게 더 많은 것을 물을 수 있다.

일을 대신해주지도 동기를 부여해주지도 않는다

직업적·개인적 경험을 통해 당신을 기꺼이 도울 의지가 있는 사람들을 정기적으로 만나는 것만으로도 당신은 모멘텀을 만들 수 있다. 그러나 조력자는 당신을 지원할 뿐, 당신에게 동기를 부여하거나 당신 대신 일해주는 존재가 아니라는 걸 기억해야 한다.

이 책을 더 읽어나가기 전에, 당신보다 많은 경험을 가진 사람 중에 당신이 더 많이 배우고 시간까지 절약할 수 있게 도왔던 누군가를 만났던 경험을 떠올려보자. 이제 누군가가 떠올랐다면 다음에 제시된 조력자와 만나야 할 목적들을 고려해본다.

1. '나만 힘들어' 증후군에서 탈출시킨다

때로는 내 머릿속의 생각에서 벗어날 줄도 알아야 한다. 우리는 유독 나만 힘들다고 생각하고, 다른 사람들도 도전과 시련을 겪는다는 사실을 잊을 때가 있다. 조력자와 함께 앉아 나에게 시련을 주는 프로젝트들에 대해 대화를 나누다 보면 나보다 더 큰 문제를 겪었던 사람들과 그들이 그것을 어떻게 극복했는가에 대한 이야기를 꼭 듣게 된다. 어려운 문제를 극복해낸 사람들의 이야기를 듣는 것만으로도 내가 해야 할 일에 다시 매달릴 힘이 생긴다.

인물들의 전기를 읽는 것도 추천한다. 다른 사람들이 겪어온 일들에 대해 읽다 보면 그들 역시 어려움과 도전에 직면했음을 알 수 있다. 다른 누군가가 그들의 목표와 꿈을 성취하기 위해 얼마나 힘들게 노력했는지 알면 나의 문제를 좀 더 물고 늘어질 자신감과 의지를 장착할 수 있다.

위대한 사상가 랠프 왈도 에머슨Ralph Waldo Emerson은 이런 말을 했다. "내가 삶에서 가장 원하는 것은 내가 할 수 있는 것을 해내게 도와주는 누군가이다." 당신이 더 많이 더 넓게 볼 수 있도록 돕고 당신이 하는 일을 더 충실히 해낼 수 있도록 도울 수 있는 사람을 찾아나서자.

2. 당신의 습관에는 사각지대가 있다

사람들이 정체된 프로젝트를 다시 시작하지 않는 이유로 가장 흔히 대는 구실이 바로 '시간이 없다'는 것이다. 하지만 정말로 시간이 문제인 걸까? 생산성과 실적을 높이기 위해서 때로는 다른 관점이 필요하다. 격의 없는 적기의 조언이 상당한 도움으로 작용할 수 있는 이유다.

15년 이상 유망한 기업의 경영 코치로 일해온 나는 1년 단위 코

✳ 습관에는 사각지대가 있다

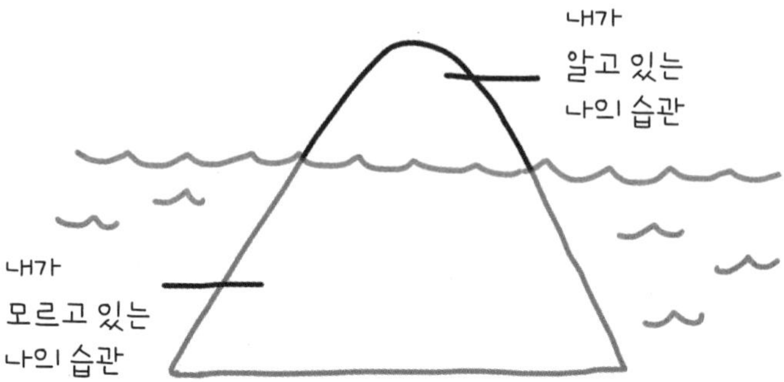

칭 관계를 시작하기 전에 고객의 사무실로 찾아가 꼬박 이틀 동안 고객의 업무를 관찰하고 평가한다. 그렇게 해야 외부 관찰자의 입장에서 고객이 등잔 밑이 어두워 미처 보지 못한 위태로운 시스템이나 망가진 절차들을 식별해낼 수 있다. 나는 고객의 일하는 방식을 바꾸도록 코칭해서 그들이 매일매일 시간을 벌 수 있도록 한다. 만약 누군가가 좀 더 체계적이고 생산적으로 일할 수 있는 아이디어를 제시해준다면 당신도 정체된 프로젝트를 위한 시간을 낼 수 있다!

조력자는 어두운 등잔 밑을 밝혀줄 수 있는 유일한 사람이다.

3. 헛똑똑이의 방에서 당신을 끌어낸다

"만약 당신이 그 방 안에서 가장 똑똑한 사람이라면 그 방은 당신이 있을 곳이 아니다." 혹시 당신이 방 안에서 가장 똑똑한 사람이라고 느낀 적이 있는가? 만약 그런 상황이 벌어진다면 다음 2가지 중 하나를 택하라고 조언하겠다.

1. 똑똑한 사람들을 그 방으로 불러들인다.
2. 당신보다 똑똑한 사람들이 있는 곳을 찾아 그 방을 떠난다.

당신의 조력자는 당신에게 똑똑한 사람들을 소개할 수 있다. 조력자의 소개가 아니었으면 당신의 힘만으로는 달리 만나기 어려웠을 사람들 말이다.

2013년에 나와 공저자인 조디는 캘리포니아 오하이에서 첫 번째 '모멘텀 리더십 워크숍'을 개최했다. 어느 오후의 세션을 진행하는 중에 참가자 한 분이 자신의 영향 집단을 만든 이야기를 들려주었다. 그녀는 우리 그룹에게 처음의 영향 집단 명단에 있던 사람들 중 두어 명과는 함께하는 시간을 많이 줄였다고 했다. 이유를 묻자 이렇게 답했다. "만약 제가 그들처럼 되고 싶지 않다면 과연 그들과 계속 같이 시간을 보낼 필요가 있을까요?"

우리가 이 워크숍을 주최하는 이유는 모멘텀을 갖추고자 하는 이들이 기꺼이 다른 이들의 이야기를 듣고, 의견을 공유하고, 배우기를 열망하는, 정말, 정말, 정말 똑똑한 사람들이 있는 방으로 계속 들어갈 수 있게 하기 위함이다. 새 조력자를 찾을 때는 같은 직업적 배경을 공유하는 것만큼 비슷한 가치를 공유하는 것도 (때로는 이것이 더) 중요하다.

1년에 12번 다시없을 기회

달력을 펼쳐놓고 오늘부터 앞으로의 30일을 살펴보자. 분명 당신은 이미 바쁠 것이고 몇몇 프로젝트를 해내기 위한 스케줄이 잡혀 있을 것이다. 그래도 일정을 다시 검토하며 사회적 인맥을 구축하기 위한 시간을 잡는다.

다가오는 한 달 동안 일주일에 1번씩 당신을 만날 수 있는 한 사람을 찾는다. 만남 전에 안건을 확정지어 당신이 경력의 발전이나 직업적 성장에 초점을 맞추고 싶어 한다는 것을 상대가 미리 알도록 한다. 이런 대화는 짧게는 직장에서 동료와의 15분짜리 커피 타임이 될 수도 있고 지구 반대편의 누군가와 한 시간 정도의 화상 채팅이 될 수도 있다.

다른 강점을 가진 다른 사람들을 만나야 한다. 이제부터 당신의 목표는 무언가를 배울 수 있는 사람들을 찾아내는 것을 습관화하는 것이다.

이런 습관이 1년이란 시간 동안 미칠 수 있는 영향에 대해 생각해보라. 만약 1년간 12명을 만난다면 당신은 얼마나 더 많은 성장과 소통과 발전의 기회를 얻을 수 있을까?

당신이 아는 사람들 중에 가장 바쁜 사람들은 달력에 비는 시간을 찾으려면 한 달 혹은 그 이상을 기다려야 할 수도 있다. 무작정 이 사람만을 기다리지 말고 일단 다른 사람들과 만남을 시작한다. 그래야 '가장 바쁜 사람들'이 마침내 시간을 냈을 때 당신은 이미 몇 번의 만남으로 관계를 맺는 연습을 거쳤을 것이고, 그들을 만날 준비를 갖췄을 것이다.

가장 생산적인 리더들은 끊임없는 발전의 문화를 조성하기 위해서 인간관계와 팀 구축에 시간을 할애해야 함을 잘 알고 있다. 앞으로 4주 동안 만날 수 있는 사람들을 떠올려본 후, 각각 1주에 1명씩 만날 수 있는 일정을 계획한다. 그리고 그들에게 연락을 취해 직접 만나는 약속을 잡는다.

일부러
친분을 쌓을 필요가 없다

나의 경력이 얼마 되지 않았을 때만 해도 조력자에게 도움을 받는 것은 공식적인 과정이라고 들었다. 심지어 학교나 직장에서 멘토라는 이름으로 조력자들을 배정받기도 했지만 효과는 없었다. 그런데 나 자신에게 '내가 아는 사람 중에 내가 배울 수 있는 사람이 있을까?'라고 물은 뒤 좀 더 격의 없이 사람들을 만나고 그들로부터 배울 수 있었다. 그렇게 하자 보다 나은, 의미 있는 질문들을 물을 수 있는 자유를 느끼게 됐다. 이 과정이 모든 걸 바꾸어놓았다.

정체된 프로젝트의 시작을 위한 의미 있는 이유들을 분명히 밝히고 거기에 전념할 결심이 섰을 때 도움이 될 사람들을 만난다면, 그들은 당신이 지금으로선 상상하기도 어려운 방법들로 당신을 도울 거라는 사실을 우리는 믿어 의심치 않는다. 그러나 당신의 조력자는 당신이 직접 찾아야 한다. 도움을 줄 사람들을 '배정'받는 것은 우리가 지금까지 이야기한 인간관계와는 거리가 멀다.

수고를 들이지 않고 도움을 바라지 마라

입을 떼는 건 당연히 어렵다

모델링의 가장 간단한 의미는 '다른 사람의 행동을 관찰하여 배우는 것'이다. 우리가 무언가를 할 수 있다는 (혹은 할 수 없다는) 생각은 다른 사람이 그것을 하는 (혹은 하지 않는) 것을 보면서 강화되는 경우가 많다.

사람들 앞에 나서서 지도나 조언을 구하려면 상당한 자신감이 필요하다. 당신이 아는 사람 중에 공개적으로 손을 들고 나서서 당당히 이렇게 물을 수 있는 사람이 몇이나 될까? "제게 주어진 일을 어떻게 해야 할지 잘 모르겠어요. 그 일을 해내신 방법을 모델로 삼아 제가 배울 수 있게 도와주실 수 있나요? 그러면 저도 계속 해나갈 수 있을 것 같아요. 아, 그리고 저는 결국에는 당신이 한 방법을 조금 다르게 적용하게 될 수도 있어요. 괜찮으시겠죠?"

시작이라는 건, 특히나 정체된 상황에서는 정말 어렵다. 본인의 여정을 당신과 함께 기꺼이 공유할 의사가 있는 사람들과 함께 시간을 보냄으로써 일을 조금이라도 쉽게 만들고 부담도 덜어야 한다.

일단 3명을 찾아라

당신의 동기, 즉 당신의 '왜why'를 분명하게 정의 내리면 일단 출발선에 설 수 있다. 그리고 강력한 조력자들로 구성된 소그룹을 만든다면 그만두고 싶은 마음이 들 때에도 그들의 지지를 받고 계속 달릴 수 있다. 만약 당신이 모멘텀을 만들고 싶은 일에 대한 생각들을 의논할 수 있는 사람, 당신에게 기꺼이 조언을 해주고 사운딩보드(아이디어, 결정 등에 대한 반응 테스트 대상이 되는 사람) 역할을 맡아 할 사람을 정기적으로 만난다면 1년 후 당신의 일과 삶이 어떤 모습일지 상상해보라.

✳ 마음의 한계를 넓혀줄 사람은 누구인가?

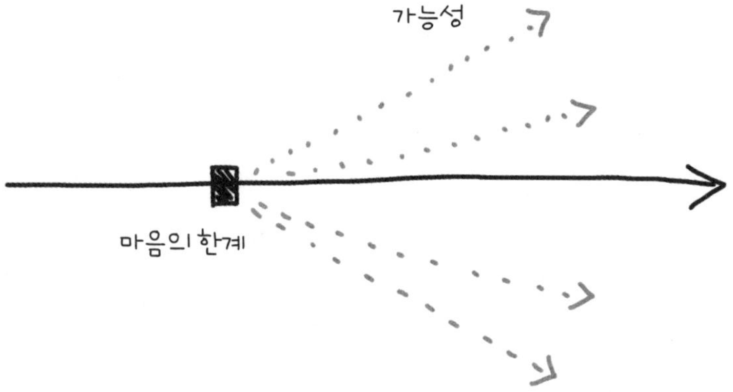

아는 사람 중에 성공을 경험한 사람이 있다면 그들이 지금 하는 일을 어떻게 배웠는지 물어보자. 아마도 주변의 조력자들에게서 배웠다고 대답하는 사람들이 많을 것이다. 운이 좋다면 그들은 자신이 치러야 했던 희생에 관한 이야기나 꾸준함이 가져다준 결실, 혹은 행운에 대해서 들려줄지도 모른다.

이제 당신의 모멘텀을 만드는 과정에서 당신이 무언가 배울 수 있는 사람을 적어도 3명 이상 찾아보자. 더 많은 일을 더 빨리 해내고 싶은가? 그들의 시간과 경험을 당신과 기꺼이 나눌 경험이 풍부

한 조력자를 당신의 영향 집단으로 불러들이면 된다.

손에 닿는 별로 만들어라

당신이 아는 사람도 아니고, 만난 적도 없고, 앞으로도 만날 가능성이 없는 사람 중에 롤 모델로 떠오르는 사람은 누구인가? 스티브 잡스? 오프라 윈프리? 그렇다면 제대로 이해했다. 그는 당신이 일하는 분야의 '혁신가'일 수도 있고 당신이 여러 해 동안 혼자 존경해온 유명인사일 수도 있다.

그 사람과 아는 사이가 아니라는 사실이 당신이 그로부터 배울 수 없음을 의미하지는 않는다. 자신만의 과제를 수행하며 계획을 지켜나가면 그 사람들에게서도 배울 수 있다. 아는 사이가 아닌 사람에게서 배우려면 자신의 행동과 활동을 적극적으로 공개하고 공유하여 그들에게 노출되는 빈도를 높이는 방법부터 접근해보자. 이런 것들이 모두 그들과 관계를 맺고 그들에게 한 발 더 가까이 다가가는 방법들이다.

1. 소셜미디어에서 단순히 팔로우하는 것만으로도 사업의 확장, 개인적·

직업적 성장을 위한 행동 등 무엇을 하는지 알 수 있다.

2. 그들의 글을 리트윗하고, 그들이 쓰는 글에 코멘트를 달고, 그들이 최근에 업데이트한 글을 당신의 커뮤니티에 공유한다.

3. 그들이 만들어내는 콘텐츠를 소비한다. 게시글, 블로그 글, 팟캐스트, 영상 등 정보를 입수하고 당신 자신의 글로 재가공해본다.

4. 프레젠테이션이나 워크숍에 참가한다.

더 멀리 뻗어나가기 위해 우리는 멘토에 대한 관점을, 한 번도 만난 적은 없지만 우리에게 영향을 줄 수 있는 사람들로 확장했다. 그들은 비즈니스 업계에서 유명인사의 지위에 있는 사람일 수도 있고 더 이상 이 세상 사람이 아닐 수도 있다. 이런 사람들은 계속해서 당신에게 영감을 주고, 동기를 부여하고, 당신을 인도한다. 우리는 멘토의 범주에 조직과 컨퍼런스, 그리고 회사까지 포함시켰고, 늘 좋은 아이디어와 희망을 주는 이야기를 찾고 있다.

테드 강연은 '공유할 가치가 있는 아이디어'를 가진 전문가와 강연자들의 이야기를 제공한다. 테드 영상은 생판 모르던 사람이 어떻게 우리의 생각과 행동에 즉각적으로 영구적인 영향을 줄 수 있는지 보여주는 훌륭한 예다.

사회적 테두리 명단을 만들어라

내게 도움이 될 만한 경험을 갖춘 사람들에게 접근하는 일이 쉽지 않을 수도 있다. 그런데 컨퍼런스에 참석하면 대화가 쉽게 오가는 격의 없는 분위기에서 비슷한 관심사를 가진 사람들을 만나 인맥을 만들 수 있다.

나는 두 렉쳐스The Do Lectures(2008년 웨일스에서 시작된 격식을 타파한 일종의 컨퍼런스. 세계의 모든 행동하는 사람들, 변화를 만드는 사람들을 초청해 별이 빛나는 밤하늘 아래, 자연 속에서 영감을 주는 이야기들을 공유한다)처럼 특정 업계 사람들로만 제한되지 않은 모임에 참석하는 것을 좋아한다. 이런 행사에는 다양한 배경의 사람들이 모여들고 그 덕에 나와 직결된 사회적 테두리 밖에 있는 사람들을 만날 수 있다.

나는 나만의 이벤트를 만드는 것도 좋아한다. 디너파티에 나가는 것부터 북클럽에 참여하거나 아침의 토론 그룹을 주최하는 것에 이르기까지 모두 다. 이런 모임에 참여하는 것은 집단의 중심이 되고, 새로운 잠재적 멘토를 만나는 아주 좋은 방법이다. 이런 유형의 이벤트를 주최하고 참여하면서 나는 지역사회에서 늘 창조하고 성장하는 사람이라는 평판을 얻게 됐고, 그러자 인간관계를 만들기가 한층 더 쉬워졌다.

1. 당신의 멘토가 될 만한 사람들의 명단을 작성한다. 당신이 아는 사람들, 그리고 만난 적은 없어도 배울 수 있는 사람들을 적는다.

2. 당신이 시작하려는 프로젝트 혹은 당신이 원하는 변화에 대해 의논할 수 있는 사람을 몇 명만 선별한다. 그들이 당신의 일에 함께 흥분해주고 아이디어를 제안하기 시작한다면 그를 멘토로 선택하는 것을 고려한다.

3. 그중 1~3명 정도에게 만남을 제안하고 다음 달 안에 날짜를 잡는다. 그들과 구체적인 이정표(이 내용은 다음 장에서 이어진다)에 대해 논의할 수 있도록 준비한다.

당신의 끈기를 시험하는 리트머스 종이

작은 연결고리 하나조차 아쉬운 순간은 분명히 온다

성공한 사람들은 대부분 돕는 것을 좋아한다. 도움을 얻고 싶거든 준비를 철저히 해서 당신이 진지하다는 것을 그들이 알도록 해야 한다. 진정성으로 접근하자. 그리고 부탁한다(부탁하지 않으면 대답은 무조건 'No'다). 당신이 그들에게 얼마만큼의 시간과 노력을 원하는지 그들이 알 수 있도록 당신의 생각을 제안한다. 그들이 동의하기 전에 미리 그들이 당신에게 임무를 줄 경우에 대비해둔다. 그렇다.

이것은 당신이 얼마나 진지하고, 끈기 있고, 능력 있는 사람인지 보여주는 시험대와 같다.

그들의 경험부터 조사하는 것이 중요하다. 그들에 관한 책이 있다면 읽는다. 그들의 웹사이트에 '소개' 페이지가 있으면 출력해서 철저히 공부한다. 그들의 업적에 대한 신문 기사나 그들에 대해 중점적으로 다룬 유튜브 채널이 있다면 그 경로를 통해서도 가능한 한 많은 것을 배우도록 한다.

그들의 조언을 실천하며 그들이 추천한 대로 해본 경험을 매일 기록한다. 진척 상황을 그들에게 업데이트해준다. 성공한 일, 완료한 일, 여전히 작업 중인 도전 과제들까지. 당신과의 합의하에 그들은 피드백을 위한 답장을 줄 수도 있고 주지 않을 수도 있다. 그러나 그들과 소통하고, 후속 과정을 알려주고, 합의한 부분들을 계속 이행해나가는 것은 당연히 해야 할 일이다. 만약 업데이트를 줄일 필요가 있다면 그때 가서 조력자가 알려줄 것이다.

어쩌면 '부탁'이란 걸 하기 전에 당신이 그들을 위해 먼저 해줄 수 있는 일은 없는지 생각할 수도 있다. 이런 것은 어떨까? 나는 꽤 오랜 시간 동안 다른 사람들이 온라인에 쓴 글에 코멘트를 남겨왔고, 그들이 소셜미디어에 업데이트한 것들을 내 커뮤니티에서 공유해왔으며, 그들의 책이나 웹사이트상의 다른 상품들에 대한 리뷰를 작성해왔다. 이런 것들이 어떤 도움이 되냐고? 바지가락을 붙들고라도 잡고 싶은 사람이 있을 때 미세한 연결고리 하나가 얼마나 든든한 동아줄 역할을 하는지!

이들에게 접근할 때는 당신이 하려는 일 혹은 개선하고자 하는 일이 무엇인지 아주 구체적으로 알려야 한다. 그들과의 편지 교환, 전화 통화, 혹은 만남에서 당신이 하고 싶은 일, 그리고 그에 관해 그들이 가르침을 줄 수 있는 일 딱 하나만을 제시해야 한다.

그들을 만나기 전에 이미 그들에게서 배운 것(대략적이라 해도) 중에 당신이 이미 실행한 것을 보여준다. 그다음에는 당신의 프로젝트와 그들이 당신을 도울 수 있는 부분이라 믿는 것에 대해 설명한다. 그들이 이야기하는 동안에는 주의 깊게 듣고, 메모한다. 그리고 그들의 생각에 근거해서 당신이 실행할 딱 하나의 전략을 결정하면서 대화를 마무리한다.

당신이 걸어온 길을 기록하라

배운 것을 실험해보고 활용하는 과정에서 당신의 성장을 추적 관찰한다. 일주일에 한 번씩 모멘텀 노트에 당신의 여정을 기록한다. 배운 것은 물론이고, 실천한 일들의 목록도 작성한다. 그렇게 한 달, 혹은 두 달을 보내고 나면, 조력자들이 당신이 하는 일과 일하는 방식에 어떤 영향을 주는지 관찰하고 평가할 수 있다.

마지막으로, 당신의 조력자들은 누구에게서 배움을 얻는지 알아본다. 이제는 사람들이 점점 더 자신의 조력자가 누구인지 공개하는 추세다. 당신이 조력자에 대해서, 그리고 그들이 어디에서 시작해서 어디에 이르렀는지, 그들이 걸어온 길에 대해서 알아보다 보면 그들을 도와준 사람들이 누구인지도 발견할 수 있을 것이다.

이런 과정을 거치면서 당신의 정체된 프로젝트를 진행하고 완성하는 방법에 대한 아이디어는 자연히 더 많이 얻을 수 있다.

핵심 개념

당신의 '커다랗고, 위험하고 대담한 목표'에 대해 조력자와 이야기 나눔으로써 모멘텀을 끌어올릴 수 있다. 조력자는 당신이 오직 그만두고 싶다는 생각밖에 안 드는 순간에도 장애물들을 피해 계속 앞으로 나아가도록 돕는 존재다. 한 번도 해보지 않은 큰일을 할 예정이라면 그만한 경험을 갖추고 당신을 기꺼이 도울 수 있는 사람을 찾아야 한다.

지금 내가 하고 싶은 일을 해본 사람은 누구인가?

타이머를 30분으로 맞춰놓고 다음 질문에 답한다. "내가 하고 싶은 일을 이미 해냈고, 그에 대해 내가 대화하고, 인터뷰하고, 배울 수 있는 사람이 내가 이미 알고 지내는 사람들 중에 있는가?"

당신의 프로젝트가 왜 정체됐는지 적어보는 것도 방법이다. 아는 사람 중에 그 정체를 푸는 데 도움을 줄 수 있는 사람을 찾아본다. 그다음, 이 사람들에 대해 알고 있는 사실들을 확인한다. 그들이 하는 일은 무엇이고, 그들이 알고 있는 것들은 어떻게 배웠으며, 지금의 위치까지 가기 위해 무엇을 했는지. 그들에 대한 정보를 더 많이 모을수록, 모멘텀을 얻고 정체된 프로젝트를 진척시키는 과정에서 그들에게 더 많은 것을 물을 수 있다.

나는 누구로부터 배울 수 있을까?

두 번째 모멘텀 질문에 다시 한 번 답을 해본다. "나는 누구로부터 배울 수 있을까?" 그리고 아래 질문들에 답해보자.

1. 나에게(삶에 대해, 일에 대해, 사랑에 대해, 당신의 직업에 대해) 가장 많은 것을 가르쳐준 사람들, 당신이 시작하고 싶은 프로젝트에 관한 경험을 가진 사람을 적어도 3명 이상 적어 후보 리스트를 만든다.
2. 첫 번째 모멘텀 질문 "나는 어떤 사람으로 알려지고 싶은가?"에 대한 답변을 다시 한 번 떠올려본다. 그리고 방금 만든 리스트에서, 당신에게 정체된 프로젝트를 시작할 새로운 아이디어를 제공해주고 새로운 질문들을 던질 수 있는 사람을 찾는다.
3. 이메일, 편지, 혹은 전화를 통해 그 사람에게 다음 달쯤 1시간 정도 함께 만나 나의 프로젝트에 대해 논의할 수 있는지 묻는다.

나는 누구에게서 배움을 얻었나? 그것을 오늘날에 어떻게 적용할 수 있을까?

모멘텀 노트를 펼치고 15~20분가량 할애해서 과거에 당신의 조력자가 됐던 사람에 대해 생각해본다. 지금 당신은 그 경험을 어떻게 기억하고 있는가? 중요한 목표를 성취하기 위해 그들에게서 배운 것을 어떻게 활용할 수 있을까?

가르침을 받고 싶은 것을 딱 하나만 제시하자

친분이 전혀 없는 사람에게 접근할 때는 당신이 하려는 일 혹은 개선하고

자 하는 일이 무엇인지 아주 구체적으로 알려야 한다. 그들과의 편지 교환, 전화 통화, 혹은 만남에서 당신이 하고 싶은 일, 그리고 그에 관해 그들이 가르침을 줄 수 있는 일 딱 하나만을 제시해야 한다.

그들의 프로필, 업적, 신문 기사, 강연, 저서 등 가능한 한 많은 정보를 얻자. 그리고 그들이 제시하는 조언을 실천하며 직접 해본 경험을 매일 기록해나간다. 성공한 일, 완료한 일, 여전히 작업 중인 도전 과제들을 기록하며 그들에게 피드백을 하자.

실천과 공유

1. 당신의 멘토가 될 만한 사람들의 명단을 작성한다. 당신이 아는 사람들, 그리고 만난 적은 없어도 배울 수 있는 사람들을 적는다.

2. 당신이 시작하려는 프로젝트 혹은 당신이 원하는 변화에 대해 의논할 수 있는 사람을 몇 명만 선별한다. 그들이 당신의 일에 함께 흥분해주고 아이디어를 제안하기 시작한다면 그를 멘토로 선택하는 것을 고려한다.

3. 그중 1~3명 정도에게 만남을 제안하고 다음 달 안에 날짜를 잡는다. 그들과 구체적인 이정표(이 내용은 다음 장에서 이어진다)에 대해 논의할 수 있도록 준비한다.

모든 짐을 당신의 어깨에 혼자 다 지고 가는 것은
그리 명예로운 일이 아니다.
무엇보다도…… 엄청 외롭다.
–아만다 팔머

GET MOMENTUM

4장

모든 일을 완벽하게 하겠다는 오만 버리기

내가 완수할 수 있는 3가지 작은 목표는 무엇인가?

어디서부터 어떻게 시작해야 할지 엄두가 나지 않는가? 부담감과 압박감을 덜기 위해 실천 가능한 이정표들을 찾아야 한다. 이정표를 만들면 일관된 진척을 이루나갈 수 있다. 단기간에 성취할 수 있는 구체적이고 작은 성과나 목표를 세워본다. 자, 릴렉스! 긴장을 풀고 가장 쉬운 것부터 시작해보자.

무슨 일이 닥칠지 미리 아는 위안

위험을 알려주는 지도 갖추기

몇 년 전에 나와 아내 조디는 8월 한 달 동안 알래스카에 가서 지내기로 했다. 우리는 자동차를 몰고 경관이 아름다운 1번 고속도로를 타고 앵커리지에서부터 케나이 반도의 호머 시까지 달렸다. 그 지역에서 트럭을 빌리자 『마일포스트milepost』라는 책도 함께 줬다. 그 책은 알래스카 고속도로의 도로 사정과 주변 경관, 그리고 편의 시설들을 1마일(약 1.9킬로미터) 단위로 세세하게 소개한 여행 가이드북이었다.

조디는 그 책을 '알래스카에서 객사하는 100가지 방법'이라 불렀다. 그 책은 정말로 회색곰 출몰지역, 유사流砂 해변, 눈사태 위험지역 등 지역의 위험요소를 1마일 단위로 안내하고 있었다(절대 지어낸 이야기가 아니다!).

아내 조디는 이 책을 무척 사랑했다. 내가 운전을 하는 동안 조디는 계속 이 책을 읽어나갔다. 어떤 위험 요소들은 정말 무섭기도 하고 낯설기도 했지만 여행 내내 이 책은 든든한 동반자가 되었다. 미리 알고 대비할 수 있고, 그렇게 계속 고속도로를 달려나갈 수 있다는 것이 안심이 됐다.

우리의 일과 인생도 도로 위를 달리는 것과 같다. 당신이 장기적인 커다란 프로젝트로 고생하고 있을 때 앞으로의 일을 미리 아는 것만큼 크게 안심이 되는 일도 없다. 『마일포스트』라는 가이드북처럼 A지점에서 B지점까지의 세세한 것 하나하나까지 다 알아야 할 필요는 없다. 그러나 당신의 커다란 프로젝트에 관한 한, 첫 3달 동안 하위 프로젝트들을 계획하고 완수해낸다면(즉, 이정표를 만들어준다면) 일을 끝까지 해내는 데 필요한 모멘텀을 만들고 유지하는 데 큰 도움이 될 것이다.

✳ 이정표는 일에 압도되지 않게 만든다

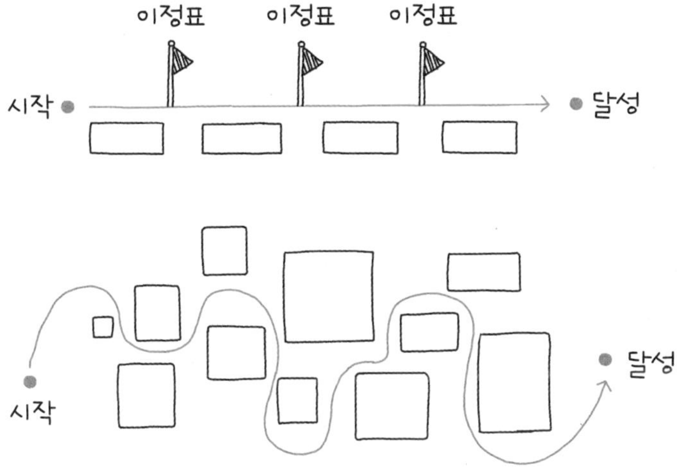

지쳐서 나가떨어지는 지점에 쿠션을 깔아둬라

우리는 이정표를 '꽉 막힌 일을 진척시키고 발전시키는 과정에서 거치는 중대한 이벤트'라고 정의한다.

당신의 장기적인 대형 프로젝트의 일정표를 만들면 모멘텀을 유지하기가 더 쉬워진다. 해야 할 일을 나열해놓고, 한 번에 3개월씩

각 달의 일정(그리고 마감기한들)을 정리해두면 아무리 엄청난 프로젝트라 해도 훨씬 할 만한 것으로 느껴진다.

장기적인 대형 프로젝트를 진척시키는 하위의 프로젝트가 바로 이정표다. 이정표를 설정해두면 한 번에 모든 것을 해내야 한다는 부담을 제거할 수 있고, 언젠가 시간 여유가 더 생길 때까지 일을 미뤄두는 일도 방지할 수 있다. 이런 방식으로 일을 하면 지쳐 나가떨어질 일도 없다. 오히려 과정에서 무언가 완수했다는 만족감을 느낄 수 있다. 그 만족감은 모멘텀에 불을 붙인다.

이정표의 힘

대형 프로젝트를 하위 프로젝트(작은 이정표들)로 쪼개는 과정은 모멘텀을 만들고 유지하는 효과적인 방법이다. 이 하위 프로젝트들을 만들기 위해선 당신의 업무량을 90일 주기로 정리해서 매달 완수해야 할 '성취 가능한 목표'와 '가능하다고 믿는 목표'를 계획해야 한다. 우리는 당신의 모든 중대한 프로젝트마다 적어도 3가지의 구체적인 이정표를 세울 것을 추천한다.

✳ 가능성의 범위를 넓혀라

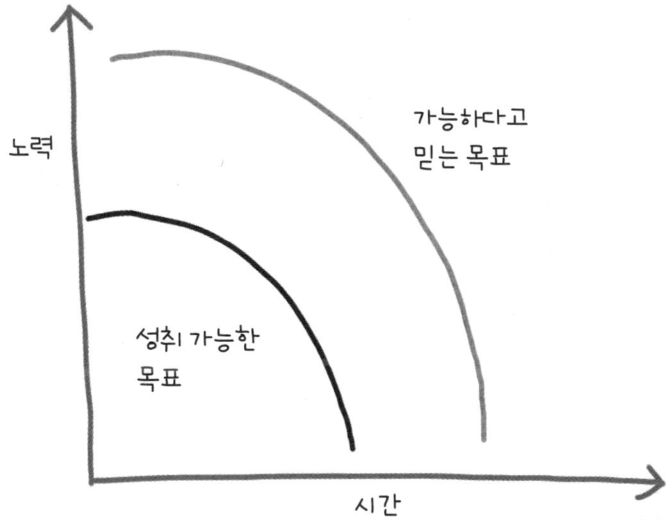

성취 가능한 목표

지난 여러 해 동안 우리는 고객, 가족, 친구들의 정체된 프로젝트에 대한 이야기를 들어왔다. 그들이 왜 지금까지 그토록 바라왔던 일들을 하지 못했는지에 대해 설명할 때마다(늘 아주 다양한 종류의 그럴듯한 이유들이 제시됐다) 우리는 그들이 할 수 있는 프로젝트의 작은 부분들에 대해 생각해보라고 했다. 그 편이 쉽다는 걸 알기 때문이다.

대부분의 경우 사람들은 프로젝트 전체를 완벽히 해내려다가 정체의 늪에 빠져버린다. 그럴 것이 아니라 하위 프로젝트들에 집중하면, 그리고 완수해내기까지 하면 결승점에 더 가까이 다가갈 수 있다.

물론 큰 그림을 보는 것은 중요한 일이다. 그러나(이 '그러나'는 정말 크고 중요한 '그러나'이다) 아무리 큰 목표라 할지라도 '성취 가능한' 하위 프로젝트로 쪼개는 과정이 필요하다.

가능하다고 믿는 목표

나폴레온 힐 Napoleon Hill의 여러 저서 중에 내가 가장 좋아하는 책은 1937년에 출간된 『놓치고 싶지 않은 나의 꿈 나의 인생』이다. 그렇다. 그는 이 책을 미국의 대공황 때 썼다! 힐은 이렇게 적고 있다. '인간이 품고 믿을 수 있는 것이라면, 그것이 무엇이든 간에 성취도 할 수 있다.'

이정표를 세울 때는 그것이 반드시 당신이 믿을 만한 것인지 생각해야 한다. 각각의 이정표에 도달하기 위해 노력하기 전에 스스로에게 묻는다. "나는 이것이 가능하다고 믿는가?"

하위 프로젝트를 성취 가능한 것으로 믿을 수 있으려면 더 작게 쪼개는 것이 도움이 된다. 그것이 크든 작든 간에 어떤 목표를 설정하고 완수하고 나면 다음 단계로의 도약에 활용할 수 있는 모멘텀을 창조하게 된다. 그렇게 조금씩, 조금씩 진척을 이룰 수 있다. 그리고 바로 그것이 우리의 목표다.

내가 완수할 수 있는 작은 목표 만들기

당신의 트랙 위에 이정표를 세워라

타이머를 30분 뒤로 맞춘 후, 당신의 프로젝트에 대해 생각할 때 떠오르는 것들을 적어본다. 할 일 목록이나 일정표, 계획표를 만들라는 이야기가 아니다. 큰 일, 작은 일, 단기 목표, 장기 목표 등등 당신의 프로젝트와 관련된 것이면 무엇이든 써도 좋다.

그 프로젝트에 대해 생각할 때 떠오르는 사람들의 이름, 혹은 당신의 프로젝트와 관련 있는 유사 프로젝트들부터 적어본다. 적어도 50줄 정도 적는 것을 목표로 잡는다. 100줄이면 더 좋다.

이 30분 동안 별로 떠오르는 것이 없다면 다음 2가지 중 하나에 해당된다고 볼 수 있다.

당신이 선택한 프로젝트가 최선일까?

사실 당신의 프로젝트는 그다지 큰 것이 아닐 수 있다. 완수하는 데 90일까지 걸리지 않을 수도 있다는 의미다. 그게 문제라는 이야기가 아니다. 나는 당신이 큰 프로젝트를 시작할 기회를 주고 싶은 거니까. 아주 오랜 시간 동안 도달하길 바라왔던 그런 커다란 목표 말이다. 그러므로 여기서 선택이 가능하다. 첫째, 이 책을 다 읽을 때까지 처음에 정했던 프로젝트를 끌고 나간다. 둘째, 다시 1단계로 돌아가 당신의 답안들을 살펴본 후 좀 더 큰 프로젝트를 선택한다.

생각이 너무 많았다

생각이 지나치게 많아서일 수 있다. 당신이 적은 내용을 스스로 비판하기 시작하면서 전두엽이 생각을 방해하기 시작했고, 그래서 최근에 생각했던 것들이 모두 기억이 나지 않았다. 만약 이런 상황이었다면 처음부터 다시 시작한다. 지금 당장. 당신의 프로젝트에 대한 50가지가 적힌 리스트를 어떻게든 완성할 것을 스스로에게 약속한다. 당신은 할 수 있다.

리스트를 다시 읽어보고 3가지 이정표를 결정한다. 이 이정표들은 30일씩 간격을 둔 하위 프로젝트들이어야 한다. 완수해냈을 때는 이 각각의 하위 프로젝트들이 종합적인 진척을 가능하게 하는 엄청난 동력으로 작용할 것이다. 이제 우리가 매년 계획하는 큰 프로젝트의 하위 프로젝트를 예로 들어보겠다.

너무 많은 퍼즐 조각을 하나씩 맞추어나가기

우리 회사는 매년 캘리포니아주와 오하이오주에서 리더십 수련회를 개최한다. 수련회 기간 동안 허둥대거나 혼란 없이 많은 사람들을 편안하게 안내하고 행사를 진행하려면 신경 써야 할 일이 한두 가지가 아니다. 그리고 이 일들은 다른 여러 프로젝트와 일상 업무를 하는 와중에 진척돼야 한다. 이럴 때 시간을 30일, 60일, 90일 단위로 쪼개서 생각하고 진행하면 성공적인 수련회를 계획하기가 훨씬 쉽다. 다음은 9월이 마감기한이었던 수련회를 계획하기 위해 이정표를 활용했던 예이다.

〈이정표 하위 프로젝트 기한〉

1. 7월 1일. 모든 마케팅 자료를 완성하고 웹사이트에 등록 일정을 게시한다.
2. 8월 1일. 3일 일정의 커리큘럼을 완성한다.
3. 9월 1일. 세부실행계획(참석자, 케이터링, 이동 방법 등등)을 완성한다.

이 이정표들은 우리가 기한 내에 처리해야 하는 우선순위들에 집중할 수 있도록 돕는 역할을 한다. 30일이라는 시간의 틀은 프로젝트의 모든 조각들을 한꺼번에 다 해결해야 한다는 생각에 압도되지 않고 다음 순서에만 집중할 수 있는 자유를 준다.

이정표의 설정은 해방감의 경험임과 동시에 1가지 일을 해내는 데에 걸리는 시간을 가늠하는 연습이 필요한 일이기도 하다. 매년 이런 이벤트를 계획할 때마다 새로운 아이디어들이 우리의 일과 프로젝트에 추가되는 것은 물론이다. 이런 수련회를 주최하는 동기가 분명할수록 그에 필요한 하위 프로젝트들을 더 쉽게 결정할 수 있다.

다만 이때 주의할 점이 있다. 이정표 하나만으로 해낼 수 있는 프로젝트란 없다. 오히려 각각의 하위 프로젝트들이 다 따로 놀게 돼버리면 모멘텀이 아니라 좌절만 안겨줄 수도 있다. 우리가 수련회의 커리큘럼을 완성해놓고도 마케팅 프로그램에 집중할 수 있는 시간을 내지 못했다고 상상해보라!

하위 프로젝트는 왜 3개여야 할까?

하위 프로젝트 3개의 마법은 나와 조디의 경험에서 나온 것이다. 사람들이 보통 어느 시점까지 내다보고 성취 가능한 하위 프로젝트들을 어느 정도 계획하는 것이 가능한지 우리는 오랫동안 시도하고 지켜봐왔다. 만약 당신이 다음 세 달간의 이정표들을 한 달 간격으로 배치하고 나면 큰 목표까지 가는 도중에 일을 완수해내는 과정을 반복적으로 경험할 수 있다.

대부분의 비즈니스는 물론이고 심지어 가족 행사에서도 사람들은 으레 1년 단위의 계획을 세우곤 한다. 그러나 당신은 매 90일마다 3개의 하위 프로젝트를 완수하는 편을 선호하게 될 것이다. 1년에 몇 차례 당신의 장기적인 목표에 비추어 모든 하위 목표와 목적들을 점검하고 업데이트하는 과정 역시 꼭 필요하다. 그러나 우선은 한 달 단위로 다음 세 달간의 중요한 이정표들을 점검하고 작은 성취들을 즐겨보자.

당신의 트랙에 이정표를 심어라.
이정표는 당신이 어디로 가야 하는지
무엇을 해야 하는지 가르쳐주는
안내자다.

여유롭게 전념하는 30/30규칙

30분 몰입의 법칙

정체된 프로젝트에 모멘텀을 부여하는 비결은 30/30규칙이다. 이 전략 자체를 이해하는 것은 쉽지만 막상 실행하기란 결코 만만치 않다.

당신의 프로젝트에서 기한이 30일 이상 남아 있는 영역을 하나 골라서 오늘부터 매일, 분산되지 않고, 방해받지 않는 30분을 완전히 몰입해서 보낸다. 여기서 30일간의 진전은 매우 중요하다. 한 달이란 기간은 상당한 진척을 이룰 수 있는 시간이다. 제대로 일을 해

✳ 30분 몰입의 힘

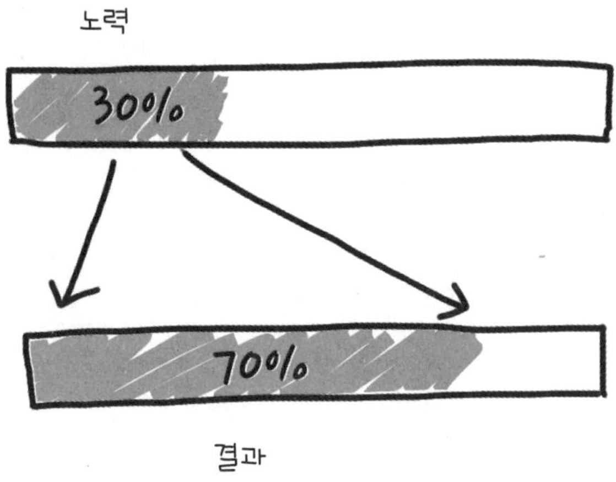

내기에 충분한 시간이다. 생각해보라. 30/30규칙을 실행하면 당신의 프로젝트에 총 15시간을 쏟을 수 있다!

웹사이트에 올릴 글을 쓰거나 다음 작품을 위한 스케치의 초안을 만들고, 혹은 당신이 출시하길 원하는 애플리케이션의 운용 체계를 위해 아이디어를 짜내려고 앉아 있는 동안에는 모든 것을, 그리고 모든 사람들을 차단한다. 타이머를 설정해두고 오직 그 1가지 일에만 집중한다.

매일 30분씩 일관되게 일에 투자하는 것이 프로젝트를 '나중'으로 계속 미루다가 막판에 주말 내내 일하거나 밤을 새는 것보다 효과적이라는 사실에 주목해야 한다. 하루에 딱 30분, 기한이 30일 이상 남아 있는 당신 프로젝트의 한 영역에 전념하는 것으로 당신이 얼마만큼의 성취를 이룰 수 있을지 상상해보라.

한 달은 정신없이 지나가 어느 날 갑자기 30일 후가 돼 있을 것이고 아마도 그때, 비상사태나 발등에 떨어진 불같은 건, 남의 집 이야기가 돼 있을 것이다.

30/30규칙 연습하기

지금부터 연습을 시작한다. 오늘 당장 30분 시간을 내서 기한이 30일 이상 남아 있는 무언가의 작업을 시작한다. 이 규칙을 실천하는 가장 쉬운 방법은 오늘로부터 한 달 혹은 세 달 후에 예정된 개인적인 프로젝트를 고르는 것이다. 먼저 개인적인 프로젝트로 연습한 뒤에 일과 관련된 목표에 적용하기로 한다.

어렵고 특별하고 커다란 어떤 일이 아니어도 된다. 다음 분기에 개인 여행을 겸한 출장이 계획돼 있다고 가정해보자. 그렇다면 30분을 투자해서 당신이 처리해야 하는 이 일정의 세부사항들에 대해 생각하고 계획한다.

구매를 보류해야 할 티켓이나 처리해야 할 예약사항이 있는가? 그 지역에 갔을 때 연락해야 할 사람들이 있는가? 돈을 절약하기 위해, 혹은 시간이 넉넉할 때 확보할 수 있도록 미리 구입하고 싶은 선물이 있는가?

물론 위의 질문들은 모두 '개인적인' 일들이다. 일과 관련해서 직장이나 지역사회와 관련된 목표 중에 미리 생각해보고 싶은 것들에는 어떤 것들이 있는지 만들고, 3개의 이정표를 만들어 각각을 점검해본다.

5일 동안 한 도시에 머물면서 일할 수 있다면!

나에게는 한 도시에서 머물며 5일간 연달아 고객들과 일하고 싶다는 꿈이 있었다. 사실 그 꿈은 내가 예전 직장을 그만둔 이유 중 하나이기도 했다. 나의 상사는 그것이 가능한 일이라고 생각하지 않았다. 하지만 내 생각은 달랐다. 우리가 그에 적합한 마음가짐과 전략을 갖추고, 계획을 실천하고 노력할 수만 있다면 얼마든지 가능한 일이었다.

당시에 나는 전 세계 여러 도시에서 열리는 프레젠테이션 일정으로 3개월에서 9개월 전에 스케줄이 미리 예정돼 있었다. 내가 방문한 도시에서 딱 하루만 강연을 해야 하는 일정도 종종 있었다. 예를 들어 화요일에 시카고에서 세미나를 하기 위해 월요일에 비행기를 타고, 뉴욕에서 열리는 세미나에서 강연을 하기 위해 수요일에 다시 비행기를 타고, 그다음 주 월요일과 화요일의 프레젠테이션을 위해 런던으로 다시 날아가고, 수요일에 다시 캘리포니아로 돌아오는 비행기를 타는 식이었다. 이런 일정이 나에게는 흔했다. 물론 30대 초반에는 별문제가 되지 않았다. 그러나 그것이 오랫동안 지속 가능한 라이프스타일이 아니라는 것을 나는 늘 알고 있었다.

2007년, 내 사업을 시작하면서 나는 1가지 실험에 착수했다. 매주 30분씩 시간을 내서 방문이 예정된 도시의 고객들에게 이메일과 전화로 계속 연락을 하며 내가 그 분기 후반에 그 도시에서 일을 하게 될 것임을 알렸다. 1년이 채 되지 않은 시점에 나는 한 도시에서 2일, 3일, 심지어 4일씩 일정을 잡을 수 있게 됐다. 엄청난 발전이었다!

그러던 2015년의 어느 날, 나는 기념비적인 이정표에 도달했다. 뉴욕에만 4,000명이 넘는 직원을 둔 글로벌 기업을 상대로 5일을 연달아 일을 했던 것이다. 나는 한 호텔에서 엿새 동안 묵었을 뿐만 아니라 맨해튼 미드타운에 위치한 그 회사 본부의 한 층에서만 머물며 그 기업의 직원들을 코칭하는 일정을 소화했다. 출장을 오가는 데 필요한 온갖 잡무에 매달려 있는 대신 나의 고객들에게 100퍼센트 집중할 수 있었다. 이런 출장은 비즈니스 면에서도 더 경제적이었을 뿐만 아니라 이제 40대 중반에 진입한 내게도 훨씬 적합했다.

이 일로 인해 나는 나의 사업 발전 전략을 재고하게 됐다. 이제 나는 매주 적어도 30분씩, 90일 이후의 사업적 기회들을 모색하는 데만 시간을 투자하고 있다.

나를 위한
투자 시스템
90/90규칙

장기 프로젝트를 위한
시스템 만들기

만약 30/30규칙을 좋아한 사람이라면 90/90규칙은 사랑하게 될 것이다. 예전에 프로젝트를 수행하기 위해 자리를 잡고 앉았을 때를 생각해본다. 그 시간은 어떻게 낼 수 있었나? 어쩌면 달력에 표시를 해두고 일부러 날을 잡았을 수도 있고, 어느 주말 오후에 갑자기 시간이 비었을 수도 있고, 직장에서 회의가 갑자기 취소됐을 수도 있다.

✳ 할 일에 온전히 집중할 것

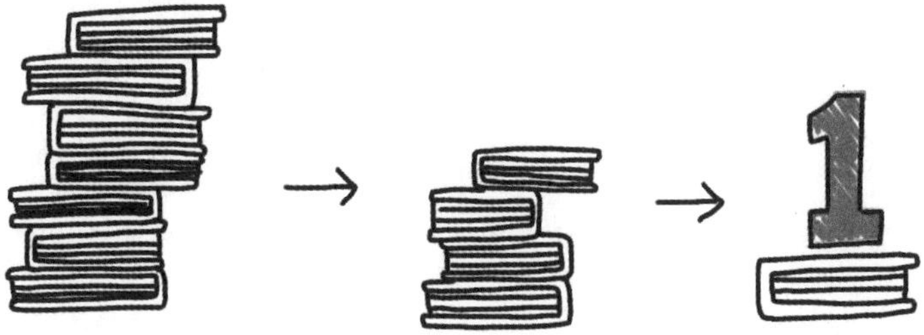

한 달에 적어도 한 번, 한 발 앞서서 앞으로 90일간의 일정을 점검하며 집중할 수 있는 일을 하나 선택해보자. 90/90규칙은 지금으로부터 90일 이상 기한이 남아 있는 어떤 일에 대해 생각하고 준비하며 90분을 보내는 것을 가리킨다.

90/90규칙은 일종의 투자다. 이 시간만큼은 하루하루의 스트레스와 급한 용무들에서 벗어나야 한다. 이 전략을 제대로 실행하고 적응하기가 쉬운 일은 아니다. 그러나 앞으로 다가올 일을 예측하고 계획을 세워 준비를 갖추는 데에 몇 달의 시간을 보내다 보면, 어느 순간 슬금슬금 다가와 당신을 괴롭히던 데드라인들에 더 이상 놀라지 않게 될 것이다.

캘리포니아 페탈루마 시에 사는 펠리스 마르티네즈는 완수해야 할 커다란 일을 생각하면 실제로 일에 착수하기 전부터 압도되곤 했다.

"저는 일을 시작하기도 전에 프로젝트 전체를 파악하고 있어야 한다고 생각하며 자라왔어요. 그러다가 건강 컨설팅 사업을 시작했는데, 세상에! 알아야 할 것도 너무 많고 해야 할 일도 너무 많은 거예요! 그래서 장기적인 프로젝트의 아주 분명하고 구체적인 부분들을 완수해나가기 위해서 90일 주기의 이정표를 만들어 활용하기 시작했어요. 더 많이 해낼수록 더 많은 에너지를 느꼈어요. 그리고 가능할 거라 생각했던 것보다 더 많은 일을 할 수 있었답니다."

나 자신과의 90분 미팅

이번 달 달력을 살펴보고 자기 자신과의 90분 미팅 일정을 잡자. '미팅 약속'을 지킬 수 있다고 자신할 수 있는 날을 고른다. 이 미팅이 다른 일들에 밀리지 않도록 무슨 일이 있어도 이 일정을 사수한다!

준비에 들어가기 위해 모멘텀 노트를 펼치고 오늘로부터 3개월에서 6개월 이후의 큰 프로젝트를 하나 정한다. 다시 한 번 강조하지만 이 프로젝트는 개인적인 것이어도 좋고 일과 관련된 것이어도 좋다. 다만 지금으로부터 90일 이후에도 진행형일 프로젝트여야 한다는 사실만은 확실히 한다.

이 90/90규칙을 실행하는 날에는 필요한 도구들을 갖춰야 한다. 다음은 우리가 늘 추천하는 '장비'들이다.

단기적·중기적 위임 시스템

자신과의 90분 미팅을 진행하다 보면 해야 할 일, 혹은 단기적·중기적으로 다른 인력에 위임해야 할 것들이 생각나게 마련이다. 이런 사항들을 할 일 목록에 적어서 일찌감치 해결할 수 있도록 한다.

받은 메일함에 신경 끄기

이 과정에서는 당연히 다른 사람에게 묻거나 알려야 할 일들이 생긴다. 이메일을 수시로 활용하되 받은 메일함에 신경이 분산되지 않도록 주의할 것!

미리 감정 파악하기

몇몇 아이디어들은 일주일 후, 한 달 후, 혹은 한 분기 후에도 기억할 수 있도록 달력에 적어놓을 필요가 있다. 90/90규칙을 연습하는 목적은(오늘로부터 90일 혹은 그 이상이 지난 뒤에) 어떤 일의 생각과 계획이 필요하기도 전의 시점에서, 그것을 이미 시작해서 진행해나가고 있을 때의 느낌이 어떤 건지 알기 위해서기 때문이다.

한 번에 세 달씩 나의 미래 창조하기

경영학 사상가인 피터 드러커는 이렇게 말했다. "미래를 예측하는 최선의 방법은 미래를 창조하는 것이다." 이정표 설정과 함께 30/30규칙과 90/90규칙을 실천해나가다 보면 미래를 창조할 수 있다. 한 번에 세 달씩 당신은 본인의 미래를 계획하고 창조하고 있는 셈이다.

무엇보다도 중요한 것은 이정표의 관점에서 생각하는 것이 왜 그토록 강력한 모멘텀을 만들 수 있는지 이해하는 것이다. 우리는 당신이 이 전략의 목적을 제대로 이해해서 이 방법을 활용할 가능성을 높여 더 효율적이고 효과적인 성취를 거둘 수 있기를 바란다.

큰 프로젝트의 작은 부분들에 전념할 때, 작은 목표들을 하나씩,

둘씩 넘다 보면 결승점을 통과하기가 훨씬 쉬워진다.

기회를 포착하는 눈, '결과의 감정'에 집중하기

혹시 당신이 지금 진행하는 일이 파트너나 동료와 함께하는 일인가? 그렇다면 어디를 향해 가고 있고, 그곳에 도달하면 상황이 어떠할지에 대해 서로 많이 알고 있을수록 하루에 30분, 그리고 한 달에 90분 동안 할 일을 선택하기가 쉬워진다. 계획을 짤 때 함께 일하는 사람을 참여시켜 당신의 큰 프로젝트를 완수하는 방법에 대한 생각들을 공유한다.

기한을 정해둔 프로젝트(30/30규칙과 90/90규칙)의 관점에서 생각하는 것은 정체된 문제들을 조종하는 운전석에 앉는 것과 같다. 그 자리에서 당신은 이정표들을 설정하고 목표한 바를 성취하기 위해 더 똑똑히 일하는 방법들을 발전시켜 나갈 수 있다.

또 하나. 결과가 주는 감정에 집중할 것을 우리는 권한다. 당신이 할 수 있는 가장 바람직한 일 1가지는 미래의 '이상적인 날 Ideal Day'을 알아보는 것이다. 나는 이 이야기를 『당신의 최대치를 넘어서 Your

Best Just Got Better』에서 다루었고, 1995년부터 지금까지 각계의 리더들이 자신의 이상적인 날에 대해 생각할 수 있도록 돕고 있다.

결과가 주는 감정에 집중하는 습관은 당신이 당신의 기회를 알아볼 수 있는 눈을 기르게 만든다. 오래전 내가 나의 멘토와 이야기를 나눌 때의 일이다. 한 번은 내가 일하고 있던 조직에 대해서 불평을 늘어놓고 있는데 나의 멘토가 내게 물었다. '제이슨, 언젠가 좋은 날이 온다 해도 그걸 알아볼 수는 있겠어요?' 그 순간 나는 깨달았다. 나는 문제점들을 보는 것에만 너무 익숙해진 나머지 좋은 날이 온다 해도 알아차리지 못할 거라는 걸!

단, 주의할 것

어쩌면 당신은 이렇게 말하고 있을지도 모르겠다. "하지만 나는 90일 이후나 30일 이후의 프로젝트에 쓸 수 있는 여유 시간이 없어요! 내일까지 해야 할 일을 하느라 이미 너무 바쁘단 말이에요!" 당신의 기분이 어떤 건지 우리도 잘 안다. 하지만 결코 이 방법이 쉬워서 우리가 시작한 것은 아니었다. 이런 방식으로 일하면 할수록 점점 더 많은 혜택을 실감하기 때문이다.

우리가 당신이 30/30규칙을 적용하도록 독려하는 이유는 한 달에서 6주 이내로 성과가 분명히 돌아오기 때문이다. 당신은 상황을 리드할 수 있게 될 것이고, 뒤처지지 않을 것이며, 촉박하게 일할 때 받는 스트레스를 줄일 수 있다.

당신이 미처 알아차리기도 전에 어느새 일정을 앞서 나가고 있을 것이고, 스트레스는 줄어 있을 것이며, 프로젝트를 일정에 맞춰 (혹은 그보다 더 빨리) 완수할 수 있도록 모든 게 착착 진행되고 있을 것이다.

세상에 쉬운 일은 없다. 일을 실제로 해내는 과정은 다 힘들기 마련이다. 그러나 당신이 지금 『의욕의 기술』을 읽고 있다는 것은, 그래도 당신이 일을 하는 습관을 효율적으로, 효과적으로 개선해야 할 필요성을 느낀다는 의미다.

핵심 개념

어디서부터 시작해야 할지 엄두가 나지 않는 부담감과 압박감을 덜기 위해 실천 가능한 이정표들을 찾는 작업에 들어간다. 모멘텀의 목표는 일관된 진척을 이루어나가는 것이다. 커다란 목표에서 눈을 돌려 단기간에 성취할 수 있는 아주 구체적인 성과나 목표를 세워본다. 나는 하나의 큰 프로젝트와 관련된 하위 프로젝트 3가지를 선택하는 것을 추천한다. 그다음에 큰 목표를 향해 당신을 계속 달리게 할 만한 과제, 규칙적인 순서와 방법을 정한 다음 습관화 한다.

내가 완수할 수 있는 세 개의 작은 목표 만들기

사람들은 모든 일을 한꺼번에 다 해내려다 일찌감치 지쳐버리곤 한다. 진행 중인 프로젝트의 어떤 부분에서 막히면 의기소침할 수도 있다.
당신의 큰 프로젝트들 중에 딱 하나를 선택하자. 그런 다음 당신을 차근차근 앞으로 이끌어줄 미니 프로젝트 이정표를 만들어본다. 원대한 계획을 작고, 독립적이고, 완수하기 쉬운 하위 프로젝트들로 쪼개서 계획을 세우면 최종 목표까지 도달하는 과정 중에서 몇 개의 작은 승리를 경험할 기회를 얻을 수 있다.

30/30규칙

기한이 적어도 30일 이상 남은 프로젝트에 매일 30분씩 투자한다. 하루에 딱 30분, 기한이 30일 이상 남아 있는 프로젝트에 전념한다. 오늘부터 당장 30분 시간을 내서 기한이 30일 이상 남아 있는 프로젝트 중 하나를 시작한다.

처음에는 개인적인 일에서 시작해보다가 업무로 영역을 확장해본다. 어렵고 복잡한 일일 필요 없다. 출장, 워크숍, 프레젠테이션, 업무 보고 등 개인적·업무적 일들을 생각해보자.

90/90규칙

기한이 90일 혹은 그 이상 남아 있는 구체적인 목표에 매달 90분씩 투자한다. 90/90규칙은 일종의 투자다. 지금으로부터 90일 이상 기한이 남아 있는 어떤 일에 매달 90분씩 할애해 집중하는 것이다. 이때 그 일은 90일 이후에도 계속 진행형일 프로젝트여야 한다.

매달 90분의 시간을 나 자신과의 미팅 시간으로 만들자. 이때만큼은 다른 어떤 일도 놔두고 그 일을 둘러싼 나의 감정, 위치, 할 일 등 나를 중심으로 한 일의 모든 면들에 집중한다.

실천과 공유

1. 프로젝트들 중에 하나를 선택해서 차근차근 이끌어줄 미니 프로젝트 이정표를 만들어본다. 하위 프로젝트들로 쪼개서 계획을 세우면 작은 승리를 경험할 기회를 얻을 수 있다.

2. 기한이 지금으로부터 적어도 30일 이상 남은 프로젝트에 매일 30분씩 투자한다.

3. 기한이 90일 혹은 그 이상 남아 있는 구체적인 목표에 매달 90분씩 투자한다.

아무리 동기를 부여해도 지속되지 않는다고 사람들은 말한다.
사실 목욕도 마찬가지 아닌가? 그래서 매일 하라고 하는 거다.

– 지그 지글러(베스트셀러 『정상에서 만납시다』 저자)

GET MOMENTUM

5장

당신의 습관에는 사각지대가 있다

내가 확인할 수 있는 긍정적인 변화는 무엇인가?

변화해야 할 시점을 미리 알려주는 계기판을 가질 수 없을까? 당신은 지금껏 익숙한 방법대로 일을 처리해왔을 확률이 아주 높다. 하지만 우리에게는 나도 모르는 습관의 사각지대가 있다. 이 습관의 시각지대를 알려면 활동과 성과를 추적 관찰할 수 있어야 한다.

마음의 한계를 넘어서라

뻔히 보이지만 알아채지 못한 것

뉴욕의 아름다운 봄날 아침. 나와 아내 조디는 50번가와 51번가 사이, 파크 애비뉴의 모퉁이에 위치한 3층 사무실에서 우리들의 멘토 프랜시스 헤셀바인France Hesselbein을 만났다. 미팅이 진행되는 동안 그녀는 나와 아내의 손을 꼭 잡으며 도시를 바라보라고 했다.

"이 창밖을 내다보세요." 프랜시스는 잠시 말을 멈추었다가 다시 이어갔다. "당신이 돕는 고객들은 보지 못한, 당신의 눈에 보이는 것은 무엇인지 이야기해보세요."

프랜시스에게 그 질문에 대해 생각해보라고 가르친 인물은 바로 그녀가 1976년부터 1990년 사이 미국의 걸스카우트 CEO로 일하던 때에 그녀의 조력자였던 위대한 경영가 피터 드러커다. 피터 드러커는 종종 이렇게 말하곤 했다. "나는 예측이란 걸 하지 않습니다. 나는 그저 창밖을 내다보고, 보이긴 하지만 사람들은 아직 보지 못한 것이 무엇인지 볼 뿐입니다."

당신의 이정표들을 향해 나아가는 동안 눈을 크게 뜨고 있어야 한다. 목표를 향해 당신이 제대로 된 길을 걸어가고 있는지 보여주는 지표들을 확인해야 하고, 그 길에서 벗어났을 때 금방 알아차릴 수 있도록 세심히 살펴야 한다. 발견이 빠를수록 좋다. 제대로 잘 가고 있고 발전하고 있는지 확인하기 위해 구체적인 지표들을 점검해야 한다. 당신이 추적 관찰 중인 지표들을 모두 점검할 수 있도록 계기판을 만들어본다.

지표들을 추적 관찰하기 위해서는 수치화할 수 있는 단어를 활용할 것을 강력히 추천한다. 숫자, 시간, 돈, 거리, 총생산량, 조회 수, 원고 매수 등 숫자로 셀 수 있는 것이면 무엇이든 좋다.

당신의 현재 상황을 수치화하라

나는 풀코스 마라톤 첫 출전을 위해 훈련하던 당시에 경기 90일 전부터 세운 중요한 이정표 3개의 진척 상황을 추적 관찰하기 위해 계기판을 만들었다.

1. 한 번에 달리는 거리
2. 주당 달리는 일 수
3. 하루 수면 시간

구체적이면 구체적일수록 더 좋다. 물론 당신은 마라톤에 참가할 생각이 없을 수도 있겠지만, 당신에게도 성취하고 싶은 무언가가 분명 있을 것이라 믿는다. 이 장에서는 진척 상황을 모니터해서 미리 상황을 파악하고 목표를 향해 가는 과정 중에 실시간으로 현실적인 조정이 가능하도록 당신을 코치할 생각이다. 실질적인 조정 과정은 다음 장에서 다룰 예정이다.

더불어 같은 팀에 있는 사람들의 진척 상황을 모니터하는 것 역시 상당히 중요하다. 그들이 무엇을 성취하고, 그들에게 무엇이 중요하며, 그들에게 효과 있는 것이 무엇인지 주의 깊게 살핀다. 그들이 성취하는 긍정적인 결과물에 집중함으로써 그들이 무엇을 하고 있는지 알도록 한다. 정기적으로 이런 과정을 거치면 당신이 가능할 거라 생각했던 것 그 이상을 성취할 수 있을 것이다.

모멘텀은 더 큰 모멘텀을 창조한다. 이 책을 계속 읽어나가는 동안 성취(당신이 해내는 일과 당신 주변 사람들이 해내는 일)를 인식하는 것은 긍정적인 힘을 창조하는 방법임을 이해하게 될 것이다.

변화할 시점을 미리 알려주는 계기판

진척 상황을 모니터하기 위한 견고한 체계를 세우고 지속 가능한 절차를 만들면, 효과를 내는 것은 무엇이고, 궤도 수정이 필요한 때는 언제인지 인식하기 쉬워진다. 생각해보라. 무슨 일이 발생했고 왜 발생했는지 파악할 수 있다는 것은 상당한 경쟁력이지 않은가?

당신이 하고 있는 일이 성과를 만들고 있음을 인식하게 되면 작은 승리들을 기반으로 발전하기가 더 수월해진다. 『포기의 대안 The Quit Alternative』의 저자 벤 패닝 Ben Fanning은 이렇게 말했다. "꼭 지금의 일을 그만두어야 극도로 지친 상황을 극복할 수 있는 건 아니다. 그

✳ 작은 승리는 마음의 한계를 폭파한다

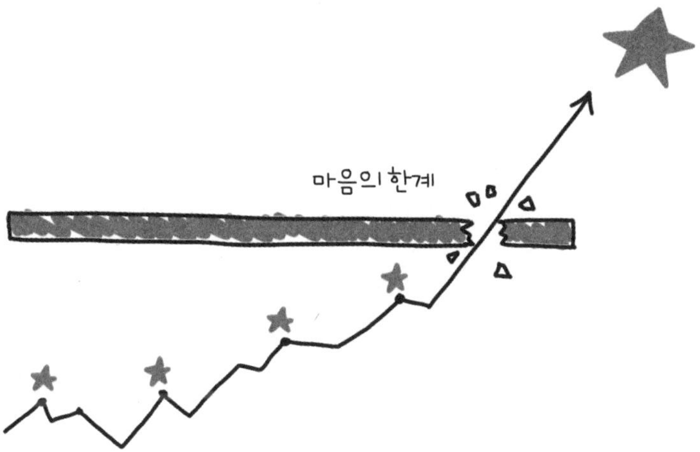

것은 당신이 하는 일의 의미를 인식하는 데서 시작된다. 오랜 기간 당신의 진척 상황을 모니터링한다면 예전에는 간과했을지 모를 당신의 승리들을 깨닫는 데 도움이 된다."

자, 만약 계획이 문제없이 진행 중인지 (물론 계획이 항로를 이탈했는지도) 확인 가능한 절차와 체계를 꼭 세울 가치가 있는지 확신이 서지 않는다면 이렇게 생각해보자. 이 전략을 당신이 시작하고 싶은 프로젝트에 적용한다면 상황은 어떻게 달라질까? 일단 30일, 60일, 90일 이정표들을 확정하고 나면 당신이 잘하고 있는지 가늠할 수 있고, 작은 변화들이 필요한 때가 언제인지 초기에 미리 알려주는 일종의 '계기판'을 원하게 되지 않을까? 이정표에 도달하기 위해 투입해야 할 노력이 무엇인지 깨닫고 나면 성공도 인식할 수 있고 승리를 기념할 수 있다.

이 시점이, 인정을 필요로 하는 당신의 뇌에 보상을 해주는 시간이다. 당신 스스로에게 그리고 더 나아가 당신과 함께하는 사람들에게 좋은 성과에 대한 보상을 해주면 발전에 관심 있는 다른 모든 사람들에게 자신감을 심어줄 수 있다.

래리 브릴리언트Larry Brilliant 박사는 2006년에 아주 훌륭한 테드 강연을 들려줬다. 그는 이 강연을 통해 '조기 발견, 조기 대처'를 위한 행동의 필요성을 거듭 강조했다. 그의 삶의 목표가 전 세계적인 전염병 퇴치라는 사실을 고려할 때, 보건 전문가들이 질병의 확산을 더 일찍 발견할 수 있는 지표를 제시할 시스템, 절차, 그리고 진단법을 연구하는 것이 래리 브릴리언트 박사의 바람이라는 것은 당연하다 하겠다. 필요한 정보를 갖추면 더 빨리 행동할 수 있다.

언제 기름을 채워야 할까?

당신의 목표는 어떻게 보이고, 들리고, 느껴지는가?

어느 일요일 저녁, 나는 지역 자선단체에서 상급 관리자로 일하는 앤 마리에게 전화를 걸었다. 앤 마리가 일하는 자선단체에는 샌프란시스코 일대의 중고등학교에 리더십 프로그램을 제공하기 위한 기금이 수여됐다. 앤 마리의 첫 번째 프로젝트는 15곳의 지역 도서관과 제휴해서 방과 후 리더십 개발 프로그램을 만들고 시험 운영하는 것이었다. 지역 도서관들에는 이미 방과 후 공부 센터가 갖추어져 있긴 했지만 단순히 학생들의 학교 시험공부를 도와주는 것 외에 무언가 더 할 수 있을 것이라는 게 앤 마리의 생각이었다.

전화 통화를 하는 동안 나는 그녀의 내년 목표가 무엇인지 물었다.

"이 프로그램이 긍정적인 변화를 만들고 지역사회에도 큰 영향을 줄 수 있다면 좋겠어요"라고 앤 마리는 말했다. 마치 내게 되묻기라도 하는 것처럼 문장의 끝을 올려서 말하는 그녀의 목소리에는 확신이 없는 것 같았다.

좋은 의도임은 분명했지만 그녀의 목표는 어딘가 불분명했고, 모호했고, 측정이 불가능했다.

그날 저녁 우리는 그녀가 말한 '긍정적인 변화'를 만드는 과정이 어떻게 보이고, 들리고, 느껴질지 구체적으로 측정할 수 있는 기준을 명확히 밝히는 데 한 시간가량 보냈다. 큰 목표를 향한 이정표들을 30일 단위로 쪼개어 설정하고, 90일이 지난 시점에서 그녀의 발전 과정을 점검하기로 약속한 것은 물론이다. 그날 이후부터는 그녀가 도달한 이정표들을 검토하고 처음에 세운 계획들과 그녀의 성과들을 비교해나갔다.

그 후에도 앤 마리는 첫 번째 모멘텀 질문, '세상이 당신을 어떤 사람으로 알길 바라는가?'에 대한 대답들(그렇다, 답은 하나가 아니었다!)

을 명확히 하고 업데이트했다. 그 다음해에는 90일 주기로 작업을 해나갔다. 그녀는 성취 가능한 이정표와 가능하다고 믿는 이정표들에 전념했다. 매주 주말마다 진행 상황을 점검할 수 있는 그녀만의 모니터링 계기판도 고안했다. 그 계기판을 통해, 그녀가 선택한 구체적인 기준에 근거해서 '긍정적인 변화'를 만들겠다는 자신의 목표까지 얼마나 근접했는지 확인할 수 있었다.

나는 언제 기름을 채우나?

차를 몰고 시내를 지나고 있는데 기름이 거의 떨어졌음을 알리는 계기판의 불빛이 깜빡인다. 운전에 집중하던 정신이 분산되기 시작한다. 이때 결정해야 할 문제는 주유를 할 것이냐 말 것이냐가 아니고, 언제 어디에서 멈춰 주유를 할 것이냐이다.

모멘텀 노트를 펼치고 아래의 질문들에 대한 당신의 답을 기록해 보자.

1. 차의 기름이 '거의 떨어졌음'을 알리는 경고등이 들어와야만 기름을 보충해야겠다고 생각하는가? 경고등 때문에 놀라기도 하는가?

2. 나의 반응(이대로 얼마나 더 갈 것인가, 혹은 주유소를 언제쯤 찾을 것인가)은 함께 차에 타고 있는 사람이 누구냐에 따라 달라지기도 하는가?
3. 내가 있는 위치가 주유를 좀 더 일찍 해야겠다는 결심에 영향을 주는가?

당신의 이정표를 향한 진척 상황을 점검할 때에도 스스로에게 이와 비슷한 질문들을 해본다.

1. 다음 프로젝트에 필요한 업무를 준비할 때, 늘 더 이상은 미룰 수 없는 시점까지 기다리는가? 이런 기한들이 임박해오면 초조해하거나 놀라기도 하는가?
2. 그때의 반응(혼자 힘으로 얼마나 더 노력해볼지 혹은 얼마나 빨리 도움을 청할지)은 프로젝트를 함께하고 있는 사람이 누구냐에 따라 달라지기도 하는가?
3. 프로젝트의 규모, 범위, 혹은 중요성이 도움을 구할 시점을 결정하는 데에 영향을 미치기도 하는가?

이정표를 한 달, 두 달, 혹은 세 달 이후의 시점에 설정해두면 성취를 위한 시간과 자원을 여유 있게 계획하는 것이 가능하다. 그뿐만 아니라 과정을 밟는 도중에 문제가 생기면 상황을 인지하기도 쉽다. 모니터링 시스템을 만들고, 그 시스템을 통해 다음에 할 일에 대한 더 나은 결정을 내리고, 도움이 필요한 순간에 즉시 도움을 요

✱ 당신은 언제 기름을 채우는가?

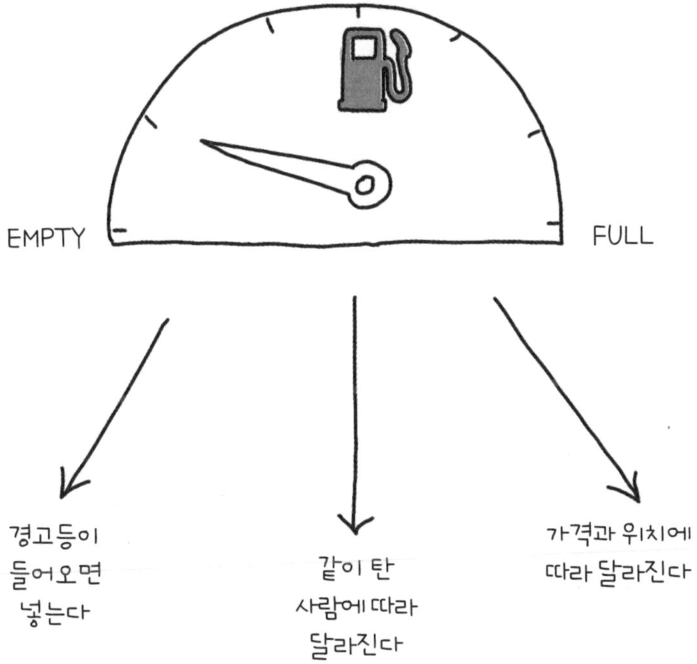

청하고, 적절한 궤도 수정이 가능하도록 하는 데 필요한 정보를 모은다. 이 과정을 통해 더 많은 일을, 더 잘할 수 있을 뿐만 아니라 시간과 자본을 아낄 수 있다.

정상 궤도 파악하기

캘리포니아 중부의 하이테크 비즈니스 업체인 어느 중견기업의 CEO와 고위 간부들을 만나기 위해 그 회사를 찾았을 때의 일이다. 우리는 그들의 '모니터링' 문화에 완전히 매료됐다.

로비의 벽 하나에는 여러 대의 컴퓨터 모니터가 눈높이에 맞게 걸려 있었고 각각의 모니터는 이 회사의 맥박과도 같은 중요한 데이터의 흐름을 보여주고 있었다. 회사 내부를 도는데 벽 여기저기에, 복사기 위에, 회의실에 데이터를 추적하는 모니터가 걸려 있는 게 계속 눈에 들어왔다! 그리고 모든 데이터가 15분마다 갱신된다고 했다.

이 회사는 핵심 지표들의 실시간 모니터링을 아주 중요하게 생각했다. 지표에 빨간 불빛이 깜빡이는 순간 관련 부서에 바로 통지됐다. 무엇보다도 이렇게 정보를 실시간으로 공개하는 기기들을 설치함으로써 무언가가 정상 궤도를 벗어나려는 조짐이 보일 때(혹은 감지될 때) 직원들이 번쩍 손을 들도록 격려할 수 있었다.

자, 벽(혹은 모니터 화면이나 공책)을 한 번 흘낏 봄으로써 당신이 정상 궤도에 있는지 혹은 벗어났는지 알 수 있게 해주는 당신만의 생산성 향상 시스템이 필요하다고 느끼는가? 그렇다면 당신이 성취하기 위해 노력하고 있는 일이 무엇인지 다시 한 번 떠올려보자.

정말로 지금이 변화가 필요한 때일까?
당신은 준비가 됐는가?
정말로,
정말로,
정말로,
준비가 됐는가?

잘못 들어선 길이란 걸 어떻게 재빨리 알아챌까?

당신의 내비게이션은 믿을 만한가?

질문을 하나 하겠다. 정말, 정말 중요한 사람을 만나기 위해 한 번도 가본 적 없는 식당으로 차를 몰고 가는 중이라고 해보자. 길을 잘못 든 상황에서 당신이라면 얼마나 빨리 이것을 인식하길 바랄까?

진척 상황에 대한 규칙적인 모니터링이 없다면 궤도를 벗어나고도 인식하지 못할 수 있다. 우리는 모두 내비게이션을 과도하게 신뢰하는 경향이 있다. 어쩌면 내비게이션이 식당으로 안내하는 길이 잘못됐다는 직감이 들었을 수도 있다. 그러나 무작정 그 방향으로 계속 간다. 내비게이션이 그쪽 방향으로 가라고 지시하기 때문이다. 결국 잠시 후 깨닫게 되는 사실은 식당 예약에 늦어버렸거나, 길을 잃어버렸거나, 혹은 길을 잃고 식당 예약 시간에도 늦어버렸다는 것이다!

당연한 이야기지만 당신은 길을 벗어난 순간 그 즉시 알아차리길 바랄 것이다. 그래야 빨리 상황을 재검토해서 정상 궤도로 진입할 수 있으므로.

결정에 필요한 데이터를 제공하는, 모니터링이 가능한 지표들을 만들 것을 우리가 권하는 이유다.

부상 VS. 비상

부상emergence과 비상emergency. 닮은 듯 다른 이 두 단어의 관계는 무척 흥미롭다. 어떻게 하면 저 앞에서 다가오며 부상하는 이정표를 미리 확인해서 비상사태가 되지 않도록 할 수 있을까? 목표는 "이렇게 해보면 어떨까?" 하고 궁리만 하던 것에서 벗어나 "이것봐, 내가 일정보다 앞서나가고 있어. 모든 게 착착 진행 중이야. 진척도 되고 있고, 일을 제대로 해내고 있어."라고 말할 수 있게 되는 것이다.

당신의 이정표들과 진척 상황을 규칙적으로 모니터하면 부상하는 것들이 비상사태가 되는 일은 확실하게 막을 수 있다.

당신의 궤도 이탈 여부를 알 수 있는 기준이 있다. 다음 질문에 답해보자.

- 나의 이정표에 도달하기 위해 순항 중인지, 궤도를 이탈했는지 알려주는 구체적인 지표는 무엇인가?
- 내가 모니터할 수 있는 5가지 기준은 무엇인가?
- 양적量的 사고를 한다. 숫자, 시간, 현금 액수 등 셀 수 있거나, 측정할 수 있거나, 흐름을 추적할 수 있는 것은 무엇인가?

완전히 공유하거나 완전히 오해하거나!

나는 아내 조디에게 회사의 재무관리 일을 넘겨주었을 때 재무와 관계된 스트레스는 상당 부분 덜 수 있을 거라고 생각했다. 하지만 그렇지가 않았다. 조디는 시시콜콜한 재무 관련 이야기들로 나를 '성가시게' 만들지 않으려 애썼다. 모니터하고 결정하는 사항들을 나에게 말해주지 않는 바람에 내 머릿속은 재무 걱정으로 가득 차 있었다. 나의 스트레스를 덜어주기 위해 배려한 행동이 오히려 걱정거리만 더 안겨준 셈이 되고 말았다.

재무 상황 모니터링에 대한 이야기를 조디와 나눈 끝에 우리는 '머니 먼데이 Money Monday'라는 보고서를 만들기로 했다. 그리고 회사의 자금 흐름에 대한 개괄적인 개요를 정리해서 매주 월요일마다 조디는 나에게 이메일로 보냈다. 조디가 추적 관찰한 지표들에는 회사의 수입, 미수금, 경비, 그리고 분기별 기대 수익이 포함됐다. 내가 긴장을 풀고 우리의 재무관리가 잘되고 있다고 믿을 수 있을 정도로 충분한 정보였다. 우리 경제의 상황과 재정적 위치의 파악은 예측과 정보력을 갖춘 결정을 가능케 했다.

누군가가 얼마만큼의 정보를 원하는지 제대로 파악하지 못하면 스트레스를 줄 수 있다. 당신의 팀이, 상사가, 혹은 파트너가 꼭 필요한 정보와 의사 결정 과정은 제대로 공유하고 있되 시시콜콜한 세부 정보들로는 방해받지 않는다고 느끼기 위해 꼭 알아야 할 것들은 무엇일까?

혹시 오해로 인한 엄청난 스트레스를 주고받고 있지는 않은가? 팀원들에게 걱정을 내려놓고 당신이 상황을 잘 관리해나가고 있다고 신뢰하려면 어떤 정보들이 필요한지 물어본다. 그리고 당신만의 현황보고서를 만든다. 그들이 정말로 마음을 푹 놓을 수 있도록.

뒤늦은 깨달음에는 완벽한 비전이 있다

늦게 온 깨달음을 이용하라

'때늦은 지혜'를 자신의 비즈니스 주기에서 정기적인 과정의 하나로 활용하는 사람들을 찾기는 쉽지 않다. 업무 관련 프로젝트가 마무리된 뒤 당신은 얼마나 자주 철저한 사후 리뷰를 위한 시간을 내는가? 우리 주위에서도 본인의 개인적인 목표나 꿈을 향한 절차들을 어떤 형태로든 리뷰하는 사람들을 만나기는 점점 힘들어지고 있다. 우리의 삶과 일에는 주기가 있는데, 그 주기 중에 잠시 멈춰서서 당신이 이룬 진전과 앞으로 남은 과정을 살펴볼 수 있다면 더 전략적인 수행능력을 갖출 수 있다.

최근에 끝마친 프로젝트를 하나 생각해보자. 프로젝트를 끝마친 뒤 잠깐 멈춰 서서 당신이 배운 것, 새롭게 얻은 통찰, 그리고 다음 번에는 달리 해보고 싶은 것들을 기록하지 않으면 프로젝트 과정에서 얻거나 느낀 세부적인 사항들은 전부 당신의 기억에서 사라지고 말 것이다.

세부적인 사항들은 업무가 완료된 뒤 4~6일 사이에 잊힌다는 연구 결과가 있다. 그런데도 안타깝게도 팀원들 혹은 가족 구성원들과 사후 리뷰를 하는 사람들은 별로 없다. 다음 프로젝트나 이벤트를 계획하느라 이미 다들 바쁘기 때문이다.

프로젝트 사후 리뷰의 목적은 더 나은 일 처리 방식을 찾기 위함이다. 실수들과 낭비된 자원들을 꼽아보는 것도 사후 리뷰의 한 방법이다. 그 과정에서 배운 교훈을 명확히 해두면 다음번에 비슷한 프로젝트를 진행할 때는 시간과 돈을 절약할 수 있다.

잘게, 잘게 쪼개서 되짚어라

하나의 프로젝트나 이벤트를 끝낸 뒤에 얼마간의 시간을 내서 앞으로 다시 해야 할 일과 하지 말아야 할 일에 대해 짚어보고 기록한다. 사후 리뷰를 통해 얻을 수 있는 중요한 2가지 성과는 다음과 같다.

1. 효과가 있었던 것이 무엇인지 배우고 다음에 활용할 수 있다.
2. 성공을 위한 최고의 실천사항들을 공유하고 가르칠 수 있다.

다음 질문들에 답해보자. 혼자서 답을 찾은 다음 조력자, 동료, 혹은 가족과 함께 앉아 이야기해보자.

특히 효과가 있었던 것은 무엇인가?

다음에도 이 일을 한다면 반복하고 싶은 것은 무엇인가? 당신에게 유리하게 작용했던 요소는 어떤 것들이 있는가?

효과가 없었던 측면은 무엇인가?

완전히 놓친 것이 있는가? 역효과가 난 것은 무엇인가? 내가 생각했던 것보다 지원이 더 필요했던 부분은 무엇인가? 예상보다 시간이 더 걸린 것은 무엇인가? 배운 교훈은 무엇인가? 혼란이 있었던 부분은 무엇인가?

✳ 효과를 점검하라

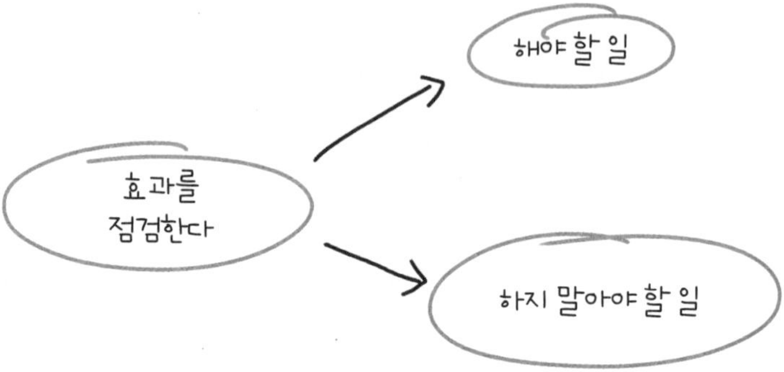

가장 과감한 모험은 무엇이었나?

예상했던 결과를 얻을 수 있었나? 모험의 가치가 있었나? 마땅히 필요한 모험들을 충분히 감행했나? 예상 밖의 충격은 무엇이었나? 예상 밖의 상황들을 얼마나 잘 관리했나? 충격 요인들에 더 잘 대비하는 방법은 무엇일까?

돈, 시간, 그리고 자원이 변수가 아니었다면 다음번에 달리 해보고 싶은 것은 무엇인가?

추가하고 싶은 특별한 장려책이나 특전, 보상에는 어떤 것이 있는가? 엄청난 성공과 완벽한 실행의 관점에서 이상적인 장면을 생생하게, 구체적으로 묘사한다.

올바른 계획과 주의력만 있다면 대부분의 위기는 사전에 예측하고 피할 수 있다. 만약 당신이 고개를 저으며 "아닌데요, 저는 늘 위기 상황인데요."라고 말하고 있다면 당신은 지금 즉시 사후 리뷰 과정을 실시하고 그것을 습관으로 만들 필요가 있다. 이 필수적인 과정을 고려해볼 생각도 않는 여유를 부릴 때가 아니다.

사후 리뷰 세션을 당신 일상의 일부로 만듦으로써 당신의 경영능력과 조직의 미래에 효과적인 계획의 도구를 추가할 수 있다. 새로 배운 교훈들에 근거해서 다음번 하위 프로젝트와 이벤트를 모니터하고, 끊임없는 발전이라는 과업을 달성해나간다. 사후 리뷰 과정에 팀 전체가 함께 참여하게 해서 그들도 '때늦은 지혜'에서 배울 수 있도록 한다.

인정이라는 열쇠

직원들은 자신이 인정받는다고 느끼는 환경에서 가장 빛나는 법이다. 기업가 리처드 브랜슨은 이 이론의 요지를 완벽하게 정리했다. "당신이 직원을 대하는 방식 그대로 직원들이 고객을 대할 것이다." 당신의 팀, 가족, 그리고 지역사회에 당신이 어떤 본보기가 되고 있는지 의식해야 한다.

이 점을 이해한다면, 주위를 둘러보고 인정을 받아 마땅한 사람을 인정해줄 기회를 찾아야 한다. 누군가를 인정한다는 것은 생각보다 쉬운 일이다.

그러나 일단은 당신이 찾아야 할 것이 무엇인지 아는 것이 먼저다. 하루의 시작점에서 잠시 시간을 내어 달력과 일정표를 점검하고 앞으로의 24시간을 내다본다. 그리고 스스로에게 묻는다. "오늘 만나게 될 사람들 중에 나의 삶을 조금이라도 쉽게 만들어줄 가능성이 있는 사람은 누구일까?" 일단 그 사람이 누구인지 결정되면 그로부터 인정할 무언가를 찾는 일은 좀 더 쉬워진다.

하루를 마감하며 잠시 멈춰 서서 그날을 돌아본다. 혹시 당신이 바라던 일은 아니더라도 그와 비슷한 일이 있지는 않았는가? 고객들은 우리에게 타이밍이 중요한지 묻곤 한다. 누군가를 바로 그 순간에 인정해주게 되면 정말 놀라운 일이 일어난다고 말해주고 싶다.

그러나 타이밍을 놓쳤다고 포기해선 안 된다. 하루를 마감하며 일종의 인정 절차를 행하는 습관을 만든다. 번번이 얼굴을 직접 보며 감사함을 표할 수 없을지도 모르지만, 그들의 기여도를 인정하는 글을 적는 과정은 당신에게 소중한 감정을 경험하게 해줄 것이다.

사람들은 대부분 감사 카드를 받는 사람들에게 그 가치가 모두 주어진다고 생각한다. 하지만 그것은 전체 가치의 절반일 뿐이다. 나머지 절반은 카드를 적으며 고마움과 감사함을 느끼는 당신의 것이다.

마음도
타이밍이다

좋은 문제를 만드는 패턴

내가 갓 교사직을 시작한 무렵, 학교에서는 아이에게 문제가 있을 때만 학부모에게 연락을 한다는 사실을 깨달았다. 나는 그런 관행에 변화를 주고 싶다는 생각이 들었다. 그래서 일주일간 새로운 실험을 시도해보기로 했다. 수업이 끝난 뒤, 나는 학교에 남아 집에 있는 학부모와 학생들에게 전화를 했다. 매일 저녁 5통씩, 내가 가르치던 5개 반의 아이들과 대화를 시도했다.

전화 통화를 하는 동안에는 각 학생들의 좋은 면을 1가지씩 골라 칭찬해주었다. 그리고 칭찬해준 바로 그 행동은 앞으로도 계속 보고 싶은 면임을 어린 학생들에게 분명히 전달했다. 칭찬할 점은 전화를 건 당일의 행동에서만 골랐다.

전화를 받은 학생들은 같은 반 친구를 도와줬을 수도 있고, 학급 토론에 손을 들고 적극적으로 참여했을 수도 있었다. 혹은 과제를 기한 안에 제출했을 수도 있었다. 학부모에게는 그 학생의 선생님이라는 점이 자랑스럽다는 말도 빼놓지 않았다.

그러자 흥미로운 일들이 나타나기 시작했다. 학생들의 좋은 점을 인정하면 할수록 아이들은 인정받은 그 행동을 반복했다. 그리고 그때부터 정말 끝내주는 변화가 시작됐다.

학생들이 서로 대화를 나누기 시작했고, 얼마 지나지 않아 내가 전화를 해서 해준 이야기들을 학생들끼리 공유했다. 다른 학생들도 나의 인정을 받고 전화를 받을 수 있는 행동을 하기 시작했다. 그 뒤로는 어떻게 됐을까? 얼마 후부터 학생들은 내가 바라는 대로 행동하고 있었다. 보통의 교사들에게는 나름의 훈육 방식이 있지만 내게는 인정의 방식이 있었다. 교사로 재직한 나머지 4년 동안 나는 매일 학생과 학부모에게 전화를 걸었다.

결국 모두
사람과 해야 하는 일

학생들의 좋은 행동 뒤에는 무엇이 있었던 걸까? 믿거나 말거나 나는 감사함이라고 생각한다. 글렌 폭스Glenn Fox 박사의 연구에 따르면 뇌에서 감사함을 느끼면 보상, 공정함, 자기-지시自己指示, self-reference(자기를 객관화하는 의식의 기능으로, 자기반성을 의미한다)의 감정을 관할하는 영역이 활성화된다고 한다.

서던 캘리포니아 대학교의 신경과학과 교수 안토니오 다마시오Antonio Damasio는 감정이 사회 인지와 의사 결정에 중심적인 역할을 담당한다는 사실을 밝혀냈다. "감사의 마음은 너그러움을 유발하고 건강한 사회적 행동의 사이클을 유지하게 한다."

다시 말해서 당신이 진실하다고 신뢰하는 누군가가 당신에게 감사함을 표시하면 그들에게 했던 행위가 무엇이었건 당신은 자동적으로 그 행위를 반복할 마음을 먹는다는 것이다. 따라서 누군가에게 감사의 마음을 표하면, 그 사람은 당신으로부터 더 자주 감사의 마음을 이끌어내도록 행동하게 된다.

✳ 즉각적인 '긍정의 원투 펀치'를 날려라

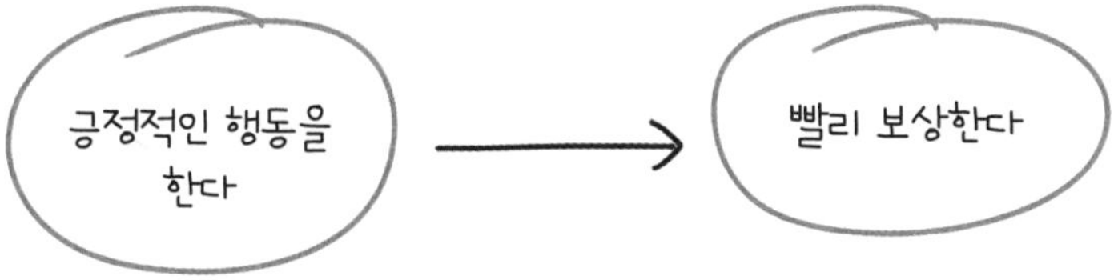

긍정의 원투 펀치를 반복하라

나는 검정색 래브라도 주마를 입양한 뒤에 이 '보상 이론'을 일상에 적용해볼 수 있었다. 감사의 마음과 보상을 활용해서 우리가 바라던 행동을 이끌어낸 경험을 통해 우리는 다음 2가지 중요한 교훈을 얻었다.

1. 모두가 동의하는 규칙은 최소한으로 만들되 규칙을 반드시 지킨다. 당신이 만든 규칙은 깨지 않는다. 절대로!
2. 타이밍이 중요하다. 긍정적인 행위를 확인하면 최대한 빨리 보상한다.

결국 인정, 보상, 그리고 긍정적인 행위로 이어지는 과정은 우리 삶의 일부로 자리 잡았다. 그리고 이 긍정의 과정은 어느새 우리의 일, 개인적인 인간관계, 그리고 각자의 개인적인 목표들로도 자연스레 스며들었다.

하루의 끝에 챙겨야 할 3가지

누군가 혹은 무언가의 긍정적인 행위를 인정하는 최선의 방법은 당신의 관심을 끌어 올리는 것이다. 그리고 종일 주변 상황을 미세하게 감지할 수 있도록 한다.

우리는 수년간 아래 실천사항들을 직접 실천하고 워크숍과 모멘텀 프로젝트에 참가한 사람들을 가르치며 놀라운 성과들을 거둬왔다. 하루를 마감하는 시점에서 다음 사항들을 적어본다.

그날 완수한 일 1가지

보통 그날 끝내지 못한 일들을 되짚어보는 것이 일반적이지만 이제부터 내가 끝낸 무언가에 집중한다.

기여도를 인정할 수 있는 한 사람

누군가가 해낸 일을 알아본다. 그 사람의 기여도를 개인적으로, 그리고 적절한 상황이라면 공개적으로 인정한다.

감사함을 느끼는 상황 1가지

잘된 일, 특히 나에게 바람직하게 작용한 일을 돌아볼 시간을 충분히 갖는다. 다시 한 번 강조하지만, 이 과정은 나의 경험을 위한 것이다. 나의 감사하는 마음을 다른 사람들과 공유하는 것은 부차적인 문제다. 어쩌면 누군가가 어려운 상황에 빠진 당신을 도와줬을지도 모른다. 어쩌면 그저 친구나 가족, 혹은 직장 동료에게 고마움을 느꼈을 수도 있다. 이 전략의 가장 흥미로운 부분은 이 사실을 그들에게 일일이 말할 필요조차 없다는 것이다! 감사함을 느낄 대상이 부족할 일은 절대로 없다.

원활한 흐름을 알아보는 리더

함께 일했던 좋은 상사, 가장 많이 어울리는 사람들, 파트너, 부모, 자녀들과의 관계에 대해서 생각해볼 때 당신은 당신이 어떻게 행동하고 그들은 어떻게 반응하는지 모니터하고 싶을 것이다.

원활하게 돌아가는 일들을 더 많이 알아볼수록 당신 주변에서 일어나고 있는 선함과 좋은 일들도 더 많이 알아볼 수 있게 된다. 당신이 '긍정적 사고'를 하는 유형의 인간으로 바뀔 것이라는 이야기가 아니다. 당신은 '반응할 줄 아는 리더'로 알려지게 될 것이다. 사후 리뷰를 하는 상사, 알아보는 눈을 가진 부모, 인정할 줄 아는 사회의 일원. 그리고 이 모든 것들을 더 많이 할수록 당신이 느끼는 모멘텀은 더 커질 것이다.

5분이 만든 증폭적인 영향력

오리건주 포틀랜드 시에서 자산관리사로 일하고 있는 셰릴은 성취 인정의 심리학에 대해 공부한 뒤 작은 실험을 해보고 싶다는 생각을 했다.

"우리 사무실 팀원들에게 실행해보기 전에 다른 곳에서 먼저 시험해보고 싶었어요. 어느 날 아침, 저는 익명의 감사 카드를 제가 다니는 미용실 헤어디자이너에게 보냈어요. 겉봉에 반환주소도 쓰지 않았고, 카드에도 제 이름을 쓰지 않았죠. 그저 디자이너 선생님과 그녀의 스텝들에게 미용실에 있는 동안 그들이 저를 얼마나 특별한 사람으로 느끼게 해주는지, 그래서 얼마나 감사하고 있는지에 대해서만 두 문단 정도 적었어요.

그다음 달에, 예약을 잡고 미용실을 방문했어요. 그런데 안내 데스크 벽에 제 카드가 붙어 있는 게 아니겠어요! 진짜 기분이 좋았던 건, 카운터 반대편에서 제가 카드를 읽을 수 있다는 거였어요. 다른 고객들과 직원들도 마찬가지였죠. 그때가 바로 제가 '감사하다'고 말하는 것의 힘을 깨달은 순간이랍니다. 그건 정말, 책상에 앉아 카드를 쓴 5분 정도의 행위를 완전히 초월하는 일이었어요."

그날 계산을 할 때에도 셰릴은 헤어디자이너에게 카드를 쓴 사람이 자기라는 이야기를 하지 않았다고 했다. 굳이 그럴 필요가 없었다.

감사 편지를 쓰는 의도가 그 노력에 대한 인정을 받고 싶은 데 있다면, 우리는 진심의 감사 편지를 쓰라고 권하지 않는다. 감사 카드 안에 명함을 함께 넣는 것도 말리고 싶다. 이것은 마케팅 전략이 아니다. 진솔한 감사를 표현하는 방법일 뿐이다. 상대방이 카드를 받는 것이 중요한 게 아니다. 그 카드를 쓰면서 당신이 어떤 사람이 되고 어떤 느낌을 갖게 되는지가 중요하다!

핵심 개념

목표를 향한 코스를 벗어날 것 같은 상황이 생기면 (조금이라도 빨리!) 알아차릴 수 있어야 한다. 실적, 생산성, 일의 방법과 순서를 정기적으로 평가할 수 있는 효과적인 방법은, 당신의 활동과 성과를 추적 관찰할 수 있는 표를 만드는 것이다. 당신 업무의 흐름과 업무량을 세부적이고 구체적인 기준을 활용해서 모니터할 수 있다면 어떤 것이 효과가 있고 없는지 선별할 수 있다.

작은 승리의 지도 만들기

단단한 체계를 만들고 계속해서 지속할 수 있는 절차를 만들면 무엇에서 효과를 내고 어디에서 궤도를 수정해야 하는지 인식하기가 쉬워진다. 당신이 하고 있는 일이 어디에서 성과를 만들고 있는지 작은 승리들을 기록하자.
이 작은 승리들은 당신이 좌절하고, 실망하고, 의욕이 끝을 모르고 하락할 때 마음의 쿠션이 되어준다. 작은 승리로 만든 마음의 쿠션은 실망과 좌절을 극복하는 것에서 더 나아가 당신이 지정해둔 당신의 한계를 뚫고 더 높이 솟아올라 승리할 수 있는 디딤돌이 되어준다.

실수를 되풀이하지 않는 패턴 만들기

하나의 프로젝트나 일을 끝낸 뒤에 앞으로 다시 해야 할 일과 하지 말아야 할 일에 대해 생각해보자. 사후 리뷰를 함으로써 당신은 크게 2가지 중요한 것을 얻을 수 있다.

첫째, 효과가 있었던 것을 경험으로 증명하고 다음 프로젝트나 일에 활용할 수 있다. 이전에 했던 실수를 되풀이하지 않을 수 있는 것은 물론 시간을 2배 이상 단축할 수 있다. 둘째, 지금 막 끝낸 프로젝트나 일은 성공을 했을 수도 있고 하지 않았을 수도 있다. 만약 성공하지 않았다면 다음의 성공을 위한 최고의 실천사항들을 스스로 습득할 수 있을 뿐만 아니라, 당신의 팀원들이 당신이 했던 실수를 하지 않도록 실천사항을 공유함으로써 성과에 추진력을 낼 수 있다.

내가 인정할 수 있는 긍정적인 변화는 무엇인가?

잠시 달력을 펼치고 앞으로 세 달간의 일정을 살펴본다. 앞으로 모니터할 수 있는 5가지 항목을 적어보자.

이 5가지 항목을 한 번에 30일에서 90일 주기로 모니터할 것을 추천한다. 한 번에 너무 많은 정보를 모니터하려고 하면, 그 많은 데이터를 모으고, 처리하고, 조직하는 데 시간이 너무 많이 걸린다는 부담감에 압도될 수 있다. 만약 그런 상황이 발생하면 추적 관찰 과정을 과감하게 일제히 중단하자. 그리고 당신이 지켜볼 수 있는 5가지만 선별해낸다면 당신을 늘 귀찮게 따라다니던 3가지 골칫거리를 없앨 수 있다.

1. 상황을 정확하게 관찰하기 수월해진다.
2. 진행 과정에 조정이 필요한지, 그렇다면 그때가 언제인지 좀 더 일찍 알 수 있다.
3. 최선의 관례로 정착시킬 수 있는 패턴과 절차들을 알아볼 수 있다.

실천과 공유

1. 당신의 진척 상황을 모니터할 수 있는 지표 3~5개가 들어간 계기판을 만든다. 이 계기판은 당신이 계속 앞으로 나아갈 수 있게 해주고 변화가 필요할 때 일찍 경고해줄 수 있는 시스템이 된다.

2. 이정표에 도달한 뒤에는 사후 점검 세션을 진행한다. 잘된 것과 개선이 필요한 것으로부터 배울 점을 찾는다.

3. 감사 계획을 만들어서 당신이 사람들에게서 원하는 행위를 격려하고 긍정적인 감정이 갖는 영향력을 체감한다.

잠재력을 발휘하지 못하도록
당신의 발목을 잡고 있는
타성과의 악연을 끊어라.
– 피터 S. 마호니(드래곤 부회장)

GET MOMENTUM

6장

방향을 바꾸기에 나쁜 시기란 없다

계속 나아가기 위해 필요한 1가지 변화는 무엇일까?

넘치는 의욕으로 중요한 프로젝트를 시작하고도 몇 달 만에, 심지어는 단 몇 주 만에 모멘텀을 잃는 모습을 자주 보게 된다. 더 많이, 더 잘, 더 완벽하게 해야 한다는 '더, 더, 더의 함정'은 당신을 옴짝달싹 못하게 한다. 한 걸음을 제대로 떼자. 한 걸음만 내디뎌도 두려움은 사라진다.

꽉 막힌 사람만 스트레스 받아요

초점의 아주 작은 변화

"꽉 막힌 사람만 스트레스 받아요."

우리의 상황에 이보다 딱 맞는 말은 없었을 것이다. 나와 아내 조디는 모멘텀 프로젝트를 위해 캘리포니아 멘로파크에서 내가 제일 좋아하는 커피숍으로 향하는 중이었다. 실리콘밸리의 교통 정체를 뚫으며 가다 서다를 반복하던 중에 꽉 막힌 사람만 스트레스를 받는다고 적힌 범퍼스티커를 본 것이다.

길이 아무리 꽉 막혀 있다 한들 마음이 꽉 막혀 있지 않다면 스트레스에 짓눌릴 일은 아니었던 것이다. 아이러니하게도 우리는 모멘텀 프로젝트의 신입 회원 세 명을 만나러 가는 길이었다. 그런데 정작 우리는 모멘텀을 받아 질주하기는커녕 고작 3킬로미터만 가면 되는 거리에서조차 오도 가도 못하고 22분의 정체 속에 꽉 막혀 있었다.

몇 분 전만 해도 우리는 제한 속도까지 밟으며, 최근에 시작한 흥분되는 프로젝트에 대해 이야기하고 있었다. 그 프로젝트란 다름 아닌 이 책을 쓰는 것이었다! 그런데 갑자기 앞차의 브레이크 등이 켜지더니 길이 막히기 시작했고, 몇 초의 정체는 몇 분으로 이어졌다. 스트레스 지수도 따라서 올라갔다.

"정체 속에 꽉 막힌 사람처럼 앉아 있는 건 우리가 잘하는 일이 아니야. 우리는 모멘텀을 만드는 사람들이라고!"

그런데 그 스티커를 발견한 순간 마주 보고 큰소리로 깔깔 웃어버렸다. 그날은 캘리포니아 특유의 기분 좋게 화창한 날이었고, 사실 약속 시간까지는 충분한 시간적 여유도 남아 있었다. 한바탕 웃은 뒤 우리는 다시 즐거운 대화로 돌아갈 수 있었다. 초점의 아주 작은 변화 하나로 스트레스가 사라졌다.

승리를 알아보는 법

조정modify의 사전적 의미는 '부분적인, 혹은 작은 변화를 통해 상황을 개선하는 것'이다. 우리는 지금까지 부분적인, 혹은 작은 변화를 통해 모멘텀을 만드는 초석을 다져왔다. 이 장에서는 작은 것에서부터 시작해서 큰일을 해내는 방법을 배우게 될 것이다. 자신의 작은 성취부터 인정함으로써 얻은 에너지를 활용하여, 당신의 일과 삶에 구체적이고 목적 있는 변화를 만드는 데 집중하게 될 것이다.

당신의 행동을 점검하고, 당신의 승리를 알아보고, 당신의 이정표를 향해 전진해야 함을 기억하자. 이 모든 것을 다 할 수 있게 되면 훨씬 더 성공한 느낌을 받을 수 있다. 모멘텀을 더 많이 느낄수록, 때가 왔을 때 뭔가 다른 시도를 하기도 더 쉬워진다.

그때가 바로 지금이다.

'너무 많이 너무 빨리'가 당신을 주저앉게 만든다

당신이 설정한 이정표까지의 진척 상황을 자세히 모니터할수록 목표를 향해 제대로 가고 있는지 아니면 궤도를 이탈하기 직전 상황인지 더 빨리 인지할 수 있다. 그리고 당신의 모니터링 시스템이 업데이트가 잘돼 있고 변화를 민감하게 감지할수록 실시간으로 작은 변화들을 만들기도 수월하다.

조정을 할 때 기억해야 할 가장 중요한 점은, 지금 하고 있는 일이 긍정적인 결과를 이끌어내지 못할 때 이를 인식하는 것부터 시작해야 한다는 것이다. 1장에서 읽었던 내용을 상기해보자. '좋은 것'은 '위대한 것'의 적이다. 그리고 '이 정도면 좋아' 같은 태도는 현 상태에 머물도록 유혹한다.

6장에서는 당신이 원하는 성취에 근거해서 구체적인 변화를 만들도록 제안할 예정이다. 우리가 '변화들'이라고 하지 않는다는 것을 주목해야 한다. 여기서 뜻하는 것은 '1번에 1가지 변화'이다.

나는 사람들이 넘치는 의욕으로 중요한 프로젝트를 시작하고는 몇 달 만에, 때로는 심지어 몇 주 만에 모멘텀을 잃는 모습을 너무나도 자주 보게 된다. 왜? 그들은 너무 많은 것을, 너무 빨리 변화시키려고 했기 때문이다.

더 많이, 더 잘, 더 완벽하게 해내야만 한다는
'더, 더, 더의 함정'이 당신의 의욕을 꺾는다.
진전이 없을 때는 속도를 늦춰야 다시 질주할 수 있다.

언제 방향을 틀어야 할까?

당신의 직관은 생각보다 정확하다

목표를 달성하지 못하고 있을 때가 전략을 조정할 때다. 당신이 일하는 방식으로는 더 이상 원하는 성과를 내지 못할 때 전략 조정에 들어가야 한다. 이정표에 도달하지 못할 때, 정체된 느낌이 들 때, 혹은 일이 잘 풀리지 않고 있음이 확실할 때 조정과 작은 변화들이 필요하다.

일하는 방식을 약간 바꿔봐야겠다는 생각이 들기 시작했는가?

만약 그렇다면 잠시 시간을 내어 당신이 하는 일들의 동기를 다시 돌아보자. 모멘텀 노트에 적힌 활동들을 점검하고 '당신이 어떤 사람으로 알려지길 원하는지' 명확히 한다.

그다음 멘토와의 일정을 잡는다. 커피 한 잔, 점심 한 끼, 혹은 긴 산책과 대화를 함께 나눌 수 있는 사람이면 된다. 당신이 겪고 있는 어려움이 무엇인지 이야기하고 그들의 좋은 생각과 조언을 구한다.

더 작고 새로운, 중간 과정의 이정표를 만들어본다. 앞으로의 30일을 내다보며 당신이 진척을 이루고 있음을 증명할 만한 하위 프로젝트 몇 개를 완수하는 데 전념한다.

일단 이정표를 설정하면, 목표 달성을 향해 제대로 가고 있는지 확인하기 위해 어떤 것들을 모니터할지 선택한다. 혹은 '열정과 활기를 잃고' 도움을 요청할 때가 언제인지, 성취하려고 노력중인 목표를 수정해야 할 때는 언제인지 알려줄 만한 지표들을 찾는다.

어떻게 변화를 계속 유지할 수 있을까?

몇 해 전, 나는 미국 전역의 회사에서 경영진 11명을 모아 '미래

✳ 당신의 변화를 막는 수많은 변수들

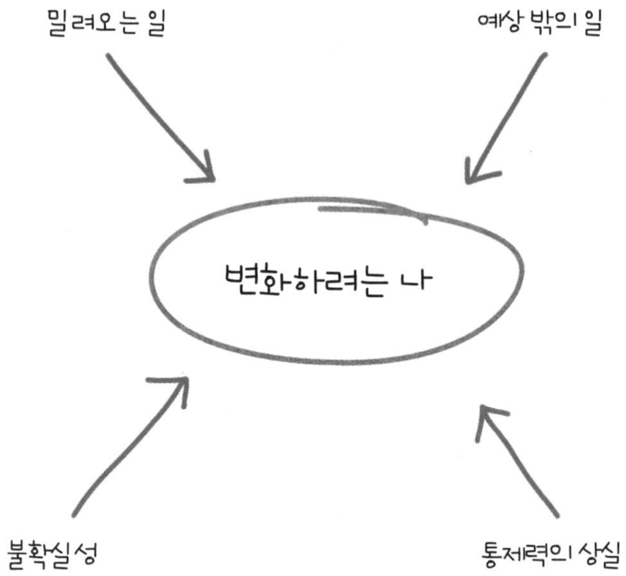

를 성취하라'라는 주제로 1개월 동안 온라인 코칭 프로그램을 열었다. 이 경영진 코칭 프로그램은 고객들이 그들의 개인적·직업적 목표를 성취할 수 있는 새로운 방법을 배움과 동시에 더 나은 작업 절차를 만들고 전념할 기회를 제공했다.

매주 월요일마다 그들에게 업무 현장에 적용해 연습해볼 실행, 생산성, 그리고 시간 관리에 관련된 구체적인 기술들을 이메일로 보냈다. 수요일에는 45분짜리 마스터 클래스 온라인 세미나를 열어 전략의 구체적인 사항들을 설명하고 질의 응답하는 시간을 가졌다. 목요일과 금요일에는 고객 한 분 한 분과 1대 1 미팅을 진행했다. 목표는 앞으로 1년간 그들만의 개인적·직업적 생산성 계획PPPP, personal professional productivity plan을 개인의 특성에 맞춰 설정하는 것이었다.

한 달간의 코스가 끝날 무렵 모두가 새로운 행동 양식을 연습했고, 새로운 기술을 배웠으며, 연간 목표들을 수행할 준비를 갖추었다고 말했다. 프로젝트를 마무리하던 날 그들은 내게 이런 이야기를 했다.

"이제 모멘텀을 갖췄는데, 어떻게 유지해야 할까요?"

"이제야 모멘텀을 갖춘 느낌인데 지속할 수 있었으면 좋겠어요."

"이 기술들을 일에 적용하니 모멘텀이 생겨요."

이런 피드백을 듣고 난 후, 나는 이 프로그램을 뭔가 다른 것으로 조정해야겠다는 생각과 통찰을 갖게 됐다. 조디와 나는 여기에서 영감을 받아 모멘텀 리더십 아카데미를 공동창립하게 됐다. 모멘텀 리더십 아카데미는 각계 리더들이 하루가 다르게 진화하는 비즈니스 업계의 도전 과제들을 해결하기 위해 필요한 지식, 자신감, 경험을 쌓고 영향력 있는 리더가 되기 위한 12가지 리더십 기술을 배우고 힘을 기를 수 있는 회원제 프로그램이다.

그러나 변화는 쉽지 않다

변화는 도전 과제들을 동반한다. 그리고 아마도 당신에겐 그것을 피하기 위한 훌륭한 핑곗거리들이 있을 것이다.

하버드 리더십 이니셔티브의 의장인 로자베스 모스 캔터 Rosabeth Moss Kanter 하버드대 교수의 연구 논문에 따르면 당신이 하는 일과 일하는 방식을 조정하기를 미루는 데는 몇 가지 이유가 있다.

무언가를 다르게 해보고 싶다는 생각이 들 때 다음 중 함께 떠오르는 것들이 몇 가지나 되는지 생각해보자.

더 많은 일

변화를 만들려면 할 일은 당연히 많아진다!

예상 밖의 일

다른 접근을 시도했을 때 무슨 일이 일어날지 알 수 없다.

불확실성

변화의 효과가 있을지 혹은 상황이 지금보다 정말 나아질지 확신할 수 없다.

통제력의 상실

기꺼이 변화를 도모하겠다는 의지는 어떤 면으로 보면 당신이 지금까지는 모든 것을 제대로 알고 있지 못했고 모든 답안을 알지 못했다는 의미로 해석될 수 있다.

모두 충분히 타당한 걱정들이다. 그러나 결코 극복이 불가능한 장벽들은 아니다. 당신의 꿈을 위해서라면 약간의 불확실성과 추가적인 일 정도는 감당할 수 있지 않을까?

생각보다 쉬운 일일까? 그럴 수도 있고, 아닐 수도 있다. 그만한 가치는 있을까? 물론이다!

내 의지대로 추진하기 어려운 이유

정말, 정말, 정말 그럴듯한 이유들

오랜 습관들을 고수하며 늘 효과가 있던 것들을 그대로 유지해 나가는 편이 편한 것은 당연하다. 변화는 힘들다. 우리도 겪어본 일이라 잘 안다.

당신에겐 늘 살아오던 방식에 변화를 주지 말아야 할 정말 정말 그럴듯한 이유들이 있을 것이다. 일단 늘 하던 대로만 하는 게 훨씬 편하니까! 사람들은 대개 자기가 아는 방식이 효과가 있다고 믿고 싫어 한다. 설사 그렇지 않다고 해도 말이다.

다음 중 당신의 경우에 가장 근접한 시나리오는 어느 것인가?

내가 틀렸다는 사실을 인정할 수 없다

파트너와 설전을 벌이던 때일 수도 있고, 기분이 상한 고객과 열띤 논쟁을 벌이던 때일 수도 있다. 사실은 당신이 틀렸다는 사실을 진작 깨달았음에도 불구하고 계속 자기주장을 굽히지 않은 적이 몇 번이나 될까? 큰일이건 작은 일이건 당신의 입장을 조정한다는 것은 당신이 최선의 방법을 알지 못했다는 사실을 인정해야 함을 의미한다. 어느 정도는 당신이 틀렸다는 걸 인정해야 한다는 것인데 그걸 신이 나서 할 사람은 아무도 없다.

값비싼 변화를 나는 감당할 수 없다

그렇다. 변화를 위해선 비용이 든다. 때로는 정말 많이 들기도 한다! 어쩌면 그중에서도 가장 값비싼 대가는 그동안 당신이 하고자 노력했던 일을 돌아보고, 그것을 위해 그렇게 많은 돈을 쏟아붓고도 그것을 놓아버려야 한다는 사실을 받아들이는 것일 수도 있다. 값비싼 교훈임에는 틀림없지만, 장기적으로 보면 언젠가 당신은 지금을 돌아보며 스스로에게 믿음을 갖고 옳다고 생각한 변화를 감행할 자신감이 있었음을 자랑스러워하게 될 것이다.

변화는 시간 소모적이다. 또 다른 비용이다!

돈도 돈이지만 그 프로젝트를 시작하기 위해 시간도 많이 소모했을 것이다. 늦도록 깨어 있던 밤, 근무해야 했던 주말, 반납한 휴가……. 바라던 일을 해내기 위해 당신 삶에서 얼마만큼의 시간을 쏟았는지 자꾸만 되돌아보게 되는 것이 당연하다.

변화를 시도해보았다. 그러나 오래 가지 않는다

변화를 너무 좋아하는 나머지 그 어떤 일도 끝까지 진득하게 붙잡고 있지 못하는 사람들이 있다. 당신도 우리가 그동안 만나왔던 수많은 사람들과 마찬가지로 모멘텀을 만들기 위해 노력해왔을 것이다. 애플리케이션을 다운받고, 시간 관리 프로그램을 실천해보고, 생산성을 올리는 시스템을 도입해보고, 수없이 많은 사교모임과 운동모임과 동창회에 참여하고, 컨퍼런스에도 참석했을 것이다. 다음에 시도해보는 것은 반드시 변화를 불러 오리란 희망을 붙들고 어쩌면 다소 과하게 많은 것들을 시도했던 건지도 모른다.

나는 잘못해왔다, 자그마치 800번이나

나는 지난 20여 년간 워크숍을 진행해왔다. 워크숍에서 쓰기 위해 내가 만드는 모든 프레젠테이션 슬라이드에는 짧은 동영상이 삽입돼 있다. 주로 나의 의견을 개진하거나 개념을 소개하기 위해 30초에서 2분 정도의 동영상을 활용한다.

지금은 단 몇 분 만에 영상을 재생할 수 있지만 처음부터 이렇게 했던 것은 아니었다. 예전에는 동영상을 보여주기가 여간 힘든 게 아니었다. 일단 예정된 시간보다 최대 2시간 전에 고객이 있는 장소에 도착해서, 인터넷에 접속하고(보안이 무척 철저했던 건물들에서는 이것조차 아주 어려운 일이었다) 내가 보여줄 예정이던 각각의 동영상이 게시된 웹브라우저들을 정리했다. 접속해야 하는 사이트가 차단되는 경우도 종종 있었고, 그러면 IT부서 관리자가 와서 그 회사의 방화벽을 뚫어줄 때까지 기다려야 했다.

프레젠테이션을 진행하다가 특정 동영상을 보여줄 시간이 되면, 하던 이야기를 멈추고, 웹브라우저를 열어 동영상이 있는 사이트로 접속하고, 재생 버튼을 클릭했다. 이런 과정이 집중력을 흩트린다는 걸 알고 있었지만, 프레젠테이션을 위해 응당 치러야 할 대가라고 생각했다.

그러던 어느 날, 캘리포니아의 지역 프로그램에 참여했을 때 내가 진행하는 프레젠테이션에 대한 의견을 구하기 위해 나의 조력자 중 한 분을 초빙했다. 나는 그 분이 나의 진행 기술을 평가하고 특별히 개선이 필요한 부분은 없는지 진단해주기를 바랐고, 나의 조력자는 당장 시간을 내서 달려와주었다.

프레젠테이션을 마친 후 그녀와 나는 4시간짜리 프레젠테이션을 되짚어보기 위해 커피 한 잔을 앞에 두고 자리를 잡고 앉았다. 그녀는 자리에 앉자마자 내가 동영상을 보여주기 위해 3번씩 프레젠테이션을 끊을 때마다 얼마나 산만해졌는지 이야기했다. 그녀도 동영상이 강력한 전달 수단이라고 생각하긴 했지만 내가 진땀을 빼며 컴퓨터와 인터넷을 만지작거리는 사이 그 가치가 무색해지는 느낌이라고 했다.

조력자의 의견을 접수한 나는 그 즉시 편집 전문가에게 연락을 했고, 3시간 동안 도움을 받아 내가 보여주고 싶은 부분을 편집하고 활용하는 법을 배웠다. 나의 프레젠테이션 슬라이드를 보여주는 방식에 변화가 생겼다.

지난 9년간 800회가 넘는 세미나에서 내가 청중들의 집중력을 방해해왔다는 사실을 인정해야 했을까? 그랬다. 이 사실을 깨닫기 위해 돈과 시간을 들여야 했을까? 그랬다. 새로운 방식을 배울 필요가 있었을까? 그랬다!

그럴 가치가 있었을까? 물론이다! 그 뒤로 내가 진행하는 프로그램에 온 사람들은 오디오, 비디오, 그리고 스토리텔링으로 이어지는 매끈한 진행에 대해 끊임없이 이야기했다. 그 동영상 편집 과정을 배우는 데 300달러 정도가 들긴 했지만, 그 돈과 시간에는 그만한 가치가 있었다. 나의 직업적 발전을 위한 이 투자는 계속해서 그 값어치를 증명했다.

변화하기란 물론 힘들었다. 무엇보다도 나를 가장 힘들게 했던 건 몇 년씩 시간 낭비를 해왔다는 자책감이었다. 하지만 지난 몇 년간 배운 경험과 정보들은 어디로 가는 게 아니다. 새로운 여러 가지 방법들을 찾고 변화를 만드는 데 가장 큰 도구가 된다.

가능하다면 언제 어디서라도 전문가의 조언을 구하자. 전문가라는 사람들은 당신이 시도하고자 하는 것들을 생업으로 연구하는 사람들이다. 이메일을 보내도 좋고, 전화를 걸어도 좋고, 여유 시간에 차나 점심을 함께하며 만날 수도 있다.

전문가와의 만남은 당신이 지금 하고 있는 일이 당신이 도달하고자 하는 곳까지 가는 데에 도움이 될 것인지 아닌지를 판단하는 아주 훌륭한 방법이다. 가능하면 외부인(친구, 멘토, 코치)에게 당신이 하고 있는 일과 하는 방식을 관찰해달라고 부탁한다. 다른 사람의 관점을 통해 당신이 배울 수 있는 게 얼마나 많은지 알게 된다면 정말 놀라게 될 것이다.

수고한 당신,
이제 다음 단계로 도약할 때

변화를 모색한다고 해서 당신이 틀렸다는 의미는 아니다. 더 잘하고 싶은 마음이 생겼다고 해서 당신이나 당신의 프로젝트가 끝장난 것도 아니다. 당신의 주위를 둘러보라. 그만하면 삶이 나쁘지 않을 것이다. 현재의 지식과 연습이 당신을 지금의 그 자리까지 이끌어줬다. 그 지점까지 도달하기 위해 당신이 쏟은 노력과 당신이 이룬 성공들을 스스로 마땅히 인정해줘야 한다.

그간 당신은 정말 많이 애썼고 노력도 많이 했다. 수고한 당신은 이제는 다음 단계로 올라갈 때다.

농구의 전설 마이클 조던은 이렇게 말했다. "선수로 지내는 동안 나는 9000개의 슛을 실패했고, 거의 300경기를 패배했다. 사람들이 내가 결승골을 넣을 거라 믿고 있는 상황에서도 26번이나 실패했다. 나는 계속, 계속, 계속해서 실패했고 바로 그 실패들이 나를 성공으로 이끌었다."

인생을 조정하는데 왜 자책감을 가지는가

당장 만들 수 있는 1가지 변화

만약 아직도 변화를 감행하는 것을 고심하고 있다면 당신은 문제에 너무 가까이 붙어 있었는지도 모른다. 어쩌면 무엇을 어떻게 바꾸어야 하는지에 대해 너무 오랜 시간 고심해온 것이 오히려 문제일 수도 있다. 나는 당신에게 이렇게 조언하고 싶다. 한 발짝 물러나볼 것!

차를 타든 걸어서 가든 벗어나보는 거다. 좀 놀기도 하고, 훌쩍

✳ 달성에 실패했다면 3가지를 점검하라

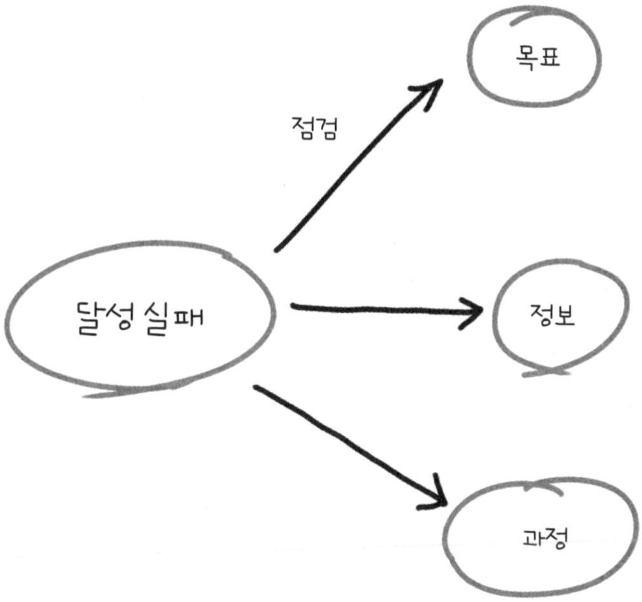

휴가를 떠나도 좋다. 무언가를 해야 한다는 압박감에 짓눌려 있는 사람은 휴식을 취해야겠다는 생각을 절대로 하지 못한다는 것을 우리는 알고 있다. 휴가를 떠남으로써 정신을 잠시 쉬게 하는 것이 그 순간 당신에게 가장 필요한 것일 수 있다. 새로운 관점이 열릴 수도 있고, 생기를 되찾은 후 프로젝트로 돌아올 수 있을 것이다.

어쩌면 변화를 시도하지 않는 것이 프로젝트를 정체에 빠뜨리고, 힘들고, 고통스러운 경험을 안겨주는 이유일 수도 있다. 변화에는 자기반성이 상당 부분을 차지하고 있기 때문이다. 변화를 만들기 위해선 우선 자기 자신을 돌아볼 수 있어야 하고, 자신의 과업과 종합적인 목표를 알아야 한다.

'계속 전진하기 위해 내가 만들 수 있는 1가지 변화는 무엇인가?'는 모멘텀을 만드는 데 아주 중요한 질문이다. 작은 변화 만들기를 해나가는 동안, 이 2가지 질문을 마음에 담아둔다.

1. 내가 좀 더 해야 할 것은 무엇인가?
2. 내가 줄여야 할 일은 무엇인가?

+1생산성 vs. ×2생산성

당신이 바쁘다는 건 잘 알고 있다. 당신의 일정은 분명 매일 빽빽하게 차 있을 것이다. 직장에 도착하기 전부터 이미 같은 시간대에 회의가 둘씩 잡혀 있을지도 모른다. 밀려 있는 일들을 생각하면 직장과 별개로 사적인 일로 인한 스트레스도 심하긴 마찬가지다.

밀린 일들이 도저히 엄두가 안 날 지경이라면, 이제 결정을 해야 할 때다.

1. 밀린 일을 따라잡기 위해 매일 1시간씩 더 일하거나(우리는 이것을 +1 생산성이라 부른다),
2. 일의 효율을 2배로 올릴 방법을 연구하거나(우리는 이것을 ×2 생산성이라 부른다).

누구나 +1 생산성으로 시작하는 이유는 쉽기 때문이다. 처음에는 말이다. 조용한 사무실로 1시간 일찍 나가고(+1 시간) 모두가 떠난 뒤에도 1시간씩 더 남는다(+1 시간). 그러다가 저녁을 먹은 뒤에도 '아주 빨리' 이메일만 확인할 생각으로 다시 1시간을 더 일한다(+1 시간). 어느새 당신은 일요일 오후에도 일하고 있다(+1 시간). 월요일 아침에 놀랄 일이 생기지 않도록 하기 위해서다. 어디서 많이 들어본 이야기 같지 않은가?

+1 생산성의 문제는 결국에는 더 이상 더 일할 시간이 남아 있지 않게 된다는 거다! 늘 일에 파묻혀 살고 있다고 느낄 것이고 일을 절대로 손에서 놓을 수 없게 된다. 그중에서도 가장 심각한 문제는 +1 생산성에는 지속효과마저도 없다는 사실이다.

이번 주말에 일을 했다고 해서 다음 주말에 일을 해야 할 필요성이 없어지진 않을 거란 이야기다. 이제는 더 현명하게 일할 때다.

당신의 일하기 방식은 어떨까?

이제 스스로에게 크게 투자할 때가 됐다. 새로운 것을 배워야 할 것이고, 새로운 시스템을 만드는 데에도 시간을 들여야 할 것이다. 당신이 일하는 방식에 ×2 생산성의 기술을 적용한다.

일단 이 방법을 활용하게 되면 더 효율적으로 일할 수 있고 그동안 다른 곳에 투자했던 시간들도 만회할 수 있다. 만약 회의를 좀 더 효율적으로 진행해서 일주일에 딱 15분씩만 절약할 수 있다면 1년이면 12시간을 추가로 절약할 수 있다. 예를 들어 이메일을 주고받는 절차를 바꿔 하루에 5분씩만 절약할 수 있다면 1년에 21시간을 돌려받을 수 있다. 매달 처리해야 할 잡무를 다른 이에게 위탁하면(아웃소싱outsourcing) 1년에 총 25시간을 더 절약할 수 있다. 아웃소싱에 커다란 업무나 프로젝트를 떠올릴 필요는 없다. 일상의 작은 일에 아웃소싱을 하는 것만으로도 1년에 수십 시간을 절약할 수 있다.

나는 매주 2번 정도 수표를 입금하러 은행에 가곤 했다. 은행에

✳ +1생산성과 ×2생산성. 무엇을 선택할 것인가?

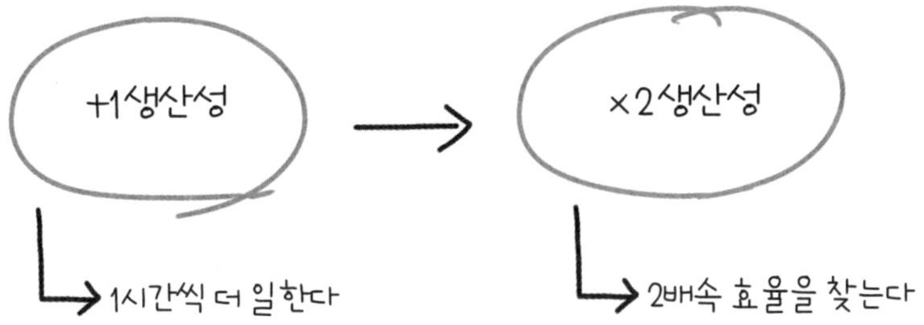

다녀올 때마다 15분 정도 소요됐다. 얼핏 생각하기엔 별일 아니지만, 1년으로 환산해보면 나는 1년에 25시간을 사무실 밖에서 보내야 한다는 의미다. 그것도 업무가 절정으로 바쁜 시간에!

그런데 내가 스마트폰으로 은행의 수표 입금 애플리케이션(수표의 앞뒷면을 촬영해서 올리고 금액을 입력하면 입금이 되는 애플리케이션)을 사용하기 시작하면서 그 시간을 활용할 수 있게 됐다. 나는 그 시간을 무엇으로 채웠을까? 반려견 주마를 데리고 산책을 가기도 했고, 멘토와 함께 점심식사를 하러 나가기도 했다. 생산성을 2배로 늘리는 방법에 투자한다면 당신이 늘 필요하다고 이야기했던 '그 시간'을 가질 수 있을지도 모른다.

별거 아닌 변화처럼 보이는가? 많은 사람들이 변화를 두려워하고 무슨 일부터 바꾸어야 하는지 막막해 하는 이유는 한 번에 여러 가지를 바꾸려 하기 때문이다.

작은 일부터 시작하자. 절약한 시간을 확보했다면, 확보한 시간을 다른 생산적인 일로 채워야 한다. 그때도 마찬가지다. 작은 일부터 채우자. 당신이 오늘 만든 작은 변화 하나는 첫 번째 도미노가 되어 훗날 거대한 변화로 커져 있을 것이다.

이제 ×2 생산성을 시도해볼 준비가 됐는가? 그럼 더 기다릴 필요가 없다.

하나의 변화에 집중하기

누구나 여러 가지를 모두 한 번에 바꾸고 싶다는 유혹을 느끼겠지만, 우리가 코칭할 때 하는 조언은 언제나 일관적이다. '선택은 언제나 더 적게.'

그 이야기는 즉, 하나의 변화에만 집중하되, 그 변화에 쏟아부을 수 있는 모든 것을 쏟으라는 것이다. 다음 항목들을 살펴보고 이 중에서 변화를 줄 하나에 집중하는 것을 고려해보자.

1. 목표
2. 정보
3. 과정(절차)

예를 들어 당신이 마라톤 완주를 위한 훈련을 하고 있다고 가정해보자. 그런데 당신이 설정한 이정표(일주일에 달려야 할 총거리 등)에 도달하지 못하고 있다면, 그때는 다음 3가지 중에 하나를 선택해서 집중하고 조정을 고려해보아야 한다.

목표
마라톤 완주를 그만두기로 결정하거나 다음 경기로 일정을 조정한다.

정보
마라톤 훈련 업체에 등록하거나 마라톤 코치를 고용해서 새로운 정보를 습득한다.

과정
만약 주말에 계획했던 달리기 훈련을 하지 않고 있다면 주중으로 훈련 시간을 바꿔볼 수 있다. 새로운 그룹과 함께 달리거나 예전에 달리던 시간과 다른 시간을 선택해볼 수 있다.

이제 당신이 바꾸기로 한 각 항목을 좀 더 깊이 파고들어가 보자.

핵심 개념

진척 상황을 모니터하다 보면 자연히 변화를 주고 싶다는 생각이 든다. 당신이 모니터해오던 객관적 자료에 근거해서 작은 변화들을 만드는 과정에 집중해보자. 당신의 진척 상황을 평가하다 보면 무엇이 효과가 있고 무엇이 효과가 없는지 알 수 있다. 진척을 보지 못하고 있다면 그때는 변화가 필요하다. 물론 직접 해보는 과정에서 배울 수 있고, 행동을 바꿔봄으로써 더 효율적이고 더 나은 방법을 찾을 수도 있다.

크고 많은 변화라는 착각 없애기

지금 하고 있는 일에 대한 자각도를 올린다. 특히 제시간에 끝내지 못하는 (혹은 아예 못 끝내는!) 일을 유심히 살펴보자. 자동화, 위탁, 제거할 수 있는 업무 리스트를 만들어본다. 어디서부터 시작해야 할지 모르겠다면 조력자에게 도움을 청하거나 향후 90일의 이정표를 점검한다. 시간 낭비로 느껴지는 활동들의 목록도 만들어볼 수 있다.

한 번에 커다란 변화들을 만들고 싶은 유혹이 상당하다는 걸 우리도 잘 안다. 하지만 모멘텀을 유지하는 최선의 방법은 한 번에 작은 변화 하나가 완전히 자리 잡도록 하는 것임을 우리는 오랜 시간을 통해 터득했다.

일단 하나의 변화에 집중하고 그다음에 다른 것으로 옮겨간다. 이 장에서 당신이 시도할 수 있는 구체적인 작은 변화 3가지를 제시했다. 바로 자동화, 위탁, 제거이다. 한 달에 한 번 정도 일상 업무에 의문을 던지고, 현재 일처리 시간을 단축할만한 체계나 절차는 없는지 자문해본다.

이미 최대치를 쏟고 있다면, 그리고 이미 매일 아침과 매일 밤 가능한 시간을 짜내고 있다면 +1생산성은 더 이상 지속이 불가능하다. 원하는 변화를 현명하게 선택하고 모멘텀 장착에 도움이 되는 변화들을 실행한다.

1가지 변화에 집중하기

대부분의 사람들은 초반에는 넘치는 의욕으로 시작한다. 외부의 자극으로 혹은 어렵사리 의도적으로 자기 안의 동기를 만들고 나서도 고작 몇 달, 몇 주, 심지어는 며칠 만에 나가떨어지고 만다. 그 많던 의욕은 모두 어디로 사라진 걸까? 왜 어렵게 변화를 만들어놓고도 계속 유지하지 못하는 걸까? 너무 많은 것을, 너무 빨리 변화시키려고 하기 때문이다. 당신이 원하는 성취에 근거해서 구체적인 하나의 변화를 만들어야 한다. 1번에 1가지 변화에 집중해야 한다. 1번에 1가지씩만 변화하자. 여러 '일시적인 변화들'을 만들기는 쉽다. 변화의 본질은 변화를 계속해서 유지하는 것이다.

실천과 공유

1. 변화는 쉽지 않지만 노력할 가치는 충분하다. 무엇을 조정할지 결정하기 위해서는 6장에서 모니터한 것들을 다시 살펴본다. 하나의 변화가 당신의 프로젝트를 완수하느냐 마느냐의 차이로 이어질 수 있다.
2. 더 많은 시간을 벌기 위해 +1생산성을 ×2생산성으로 대체한다. 작업 방식의 미세한 변화는 단순히 몇 시간을 추가로 일하는 것보다 더

지속적인 영향력을 발휘할 수 있다.

3. 한 번에 하나의 변화만 시도한다. 목표, 수집 중인 정보, 혹은 작업 과정 중 어느 것에 변화를 줄 것인지 결정한다. 업무의 자동화, 위탁, 제거를 통해 생산성을 배가하는 데 집중한다.

정체에 빠지는 것은 우연이지만,
그 정체에 머무르는 것은 선택의 문제다.
– 마틴 존스(디지털 마케팅 리더, 전략가)

G E T M O M E N T U M

7장

당신이 해냈다!

진실한 인생을 살 수 있는 도구를 어떻게 갖출 수 있을까?

일도 삶도 내 속도일 때가 가장 빠르다. 그래야만 인생의 가장 중요한 것들을 개선할 수 있다. 끊임없이 마지못해 하는 일들이 밀려왔다면, 완벽해야 한다는 압박감에 조금도 움직일 수 없었던 건 남의 속도에 억지로 맞추었기 때문이다. 의욕에 날개를 달고 싶다면 내 삶의 속도를 제대로 알아야 한다.

나답게 존재하고, 살고, 일하는 방법

긍정적이고 건설적인 영향력 만들기

2015년 12월 캘리포니아의 어느 쌀쌀한 아침. 실리콘밸리의 어느 소셜미디어 회사 임원들 몇몇만을 위한 리더십 워크숍을 진행할 때였다. 워크숍 예정일 몇 주 전부터 나는 이 조직의 5가지 핵심 가치를 검토했다. 각각의 가치들은 분명한 사명, 비전, 그리고 방향을 직원들에게 제시하고 있었다.

그 회사의 첫 번째 핵심 가치, '영향력에 집중한다'는 첫 번째 질문을 떠올리게 했다. '세상이 당신을 어떤 사람으로 알길 바라는가?' 회사 직원들과 시간을 보내는 동안에는 회사의 첫 번째 가치가 그들에게 어떤 의미인지 물었다. 대답을 들을 때마다 그 질문이 어떤 말로 포장됐건 간에 의욕을 높이는 열쇠는 '당신이 하는 일을 왜 하는가에 대한 이유'와 직결돼 있다는 것을 다시금 상기하게 됐다.

우리는 당신이 당신의 목적을 발견하길 바란다. 우리는 당신이 무엇이 중요한지, 왜 중요한지 알기를 바란다. 우리는 당신의 행동, 선택, 그리고 성취가 당신의 삶과 당신이 사랑하는 사람들의 삶에 미치는 영향에 집중하는 것이 아주 중요하다고 믿는다.

잠재력을 발휘하기 위해선 '내가 남기고 싶은 유산은 무엇인가?'라는 질문에 답을 할 수 있어야 하고, 평생을 함께할 사람들에게 미칠 긍정적이고도 건설적인 영향이 무엇일지 결정해야 한다.

나의 특별한 능력을 알아보는 시간

이제는 당신도 당신 안의 의욕을 만드는 것이 일회성 이벤트가 아니라는 걸 알게 됐을 것이다. 그리고 단지 직장에서의 정체된 프로젝트에만 적용되는 것이 아니라는 것도 알고 있을 것이다. 의욕을 높이기 위한 질문에 대한 답은 당신의 일뿐만 아니라 당신의 삶 곳곳에 적용된다.

당신답게 존재하고, 살고, 일하기를 원한다면 당신이 가진 특별한 능력들에 대해 생각해보는 시간을 가져야만 한다.

머리 비우기

스트레스와 압박감에 짓눌려 일에까지 영향을 주고 있다면 하얀 종이 한 장을 꺼내놓고 당신의 머릿속을 꽉 채우고 있는 것들을 50개(혹은 그 이상) 적어본다. 당신이 생각하는 각각의 문제들이 당신의 일부분을 붙들고 있다면 동기부여에 집중하기가 어렵다. 리스트를 살펴보면서 집중할 것과 지금부터 무시할 것들을 결정한다.

도움을 구하는 연습

함께일 때 더 현명해진다. 도움을 요청하는 것은 나약함의 신호가 아니다. 오히려 강인함의 표현이다. 손을 들고, 도움이 필요한 부분이 무엇인지 말하고, 당신의 성공을 응원하는 사람들과 함께 대화함으로써 당신의 목표에 한 발짝 더 가까이 다가갈 수 있다.

미래 내다보기

지금 당신에게 스트레스를 주는 것에서 벗어나기 위해 미래를 활용한다. 이번 주에 예정된 일들을 넘어서서 앞으로 당신에게 다가올 것들을 보는 것이다. 그리고 당신에게 다가오는 기회들을 100퍼센트 활용할 수 있도록 스스로 준비를 갖춰가기 시작한다. 당연히 해야 할 일들이 많을 것이다. 그것이 바로 지금으로부터 기한이 30일 이상 남은 일을 당장 오늘부터 시작해야 하는 이유다.

의식 일깨우기

당신이 찾고 있는 것이 무엇인지 알아야 한다. 그래야 그것을 보았을 때(아주 미묘해서 감지하기 힘들다 해도) 알아볼 수 있다. 당신이 많은 것들을 알아볼 때 당신의 정신이 성장한다. 만약 긍정적인 방향으로 성장하길 원한다면 긍정적인 것들을 보아야 한다. 당신의 정신적 레이더를 계속 켜두자. 당신이 많은 것을 알아볼수록 점점 더 많은 것들이 보이게 될 것이다! 당신에게 에너지를 주는 것들을 계속 찾아나간다.

작은 승리 만들기

모든 것을 한 번에 다 해결할 수 없다. 당신은 이제 막 시작했으니 작은 변화들을 한 번에 하나씩 실행하며 당신이 가진 모멘텀을 유지한다. 이 변화의 방식은 앞으로도 오랫동안 지속이 가능하다. 당신이 해야 할 일을 발견하고, 당신이 해야 할 필요를 느끼는 일을 해내기 위한 본인만의 방법을 구축한다.

우리가 방문하는 도시마다, 우리가 주최하는 워크숍마다 모멘텀을 접한 사람들은 자신의 프로젝트가 끝났다고 해서 의욕이 멈추는 일은 없다고 입을 모아 이야기한다. 직장에서 5가지 모멘텀 질문에 대한 답을 찾고 나면 도전 과제들이 한결 쉬워진다고 말한다.

사람들은 직장에서의 일과 개인적인 삶의 균형을 성취하는 일을 별개로 생각한다. 마치 복잡하게 얽혀 있는 이 두 분야를 별개의 부분으로 따로 떼어놓고 각각 다르게 관리하고 통제해야 한다고 생각한다.

그러나 이제는 삶과 일이 연결되어 있음을 알 수 있을 것이다. 직장에서 자신이 특정한 리더의 모습으로 인식되길 원한다면, 집에서도 역시 같은 모습으로 인식되길 원할 것이다.

- 신뢰할 수 있는 사람
- 헌신하는 사람
- 선한 사람
- 너그러운 사람

- 힘이 되는 사람
- 생산적인 사람

당신이 당신 자신이나 프로젝트를 관리하는 과정에 대해 아는 것들을 지금 전념하고 있는 개인적, 혹은 직업적 프로젝트에 적용하도록 한다. 다음번에 아이가 시험을 망치거나 배우자가 약속을 지키지 않았을 때에도 당신은 스스로에게 이렇게 물을 수 있다. "나는 어떤 사람으로 알려지고 싶은가?" 정곡을 찌르는 좋은 질문의 힘은 전형적인 패턴을 깨는 작용을 할 수 있다. 이 질문에 대한 답을 말하고 난 뒤에는 스트레스가 줄고, 심장 박동이 다시 느려지고, 반응의 속도도 길어지는 것을 느낄 수 있다. 그리고 당신 주변의 상황에 좀 더 긍정적이고 건설적인 방법으로 반응하고 있는 자신의 모습을 발견할 수 있다.

진실한 인생을 살 수 있는 도구

후회를 예방할 수 있을까?

1장에서 브로니 웨어의 책 『내가 원하는 삶을 살았더라면』에 소개된 사람들이 죽을 때 가장 후회하는 5가지 후회의 항목들을 살펴보았다. 이 항목들을 다시 한 번 읽어보면서 각각의 질문들에 대한 당신의 답이 어떻게 이 후회를 예방할 수 있는지 생각하는 시간을 가져보자.

1. 다른 사람들이 내게 기대하는 삶이 아닌, 스스로에게 충실한 삶을 살 용기가 있었더라면.

2. 너무 열심히 일하지 않았더라면.
3. 나의 감정을 표현할 용기가 있었더라면.
4. 친구들과 계속 가까이 지냈더라면.
5. 나 자신이 더 행복하도록 허락했더라면.

당신이 스스로에게 진실한 삶을 살 수 있는 도구를 만들고 당신이 만들어갈 영향력을 생성해나가자.

스스로에 대한 성찰 그리고 자신감

미국 북서부에 위치한 마린 카운티의 어느 베이커리에 모여 앉아 모임을 갖던 어느 날이었다. 회장님 한 분이 이런 이야기를 했다. "당신이 하는 일의 본질은 사람들이 자아성찰을 할 수 있도록 돕는 것 같아요. 그렇지 않나요? 왜 그런지 알 것 같아요. 우리는 우리가 누구이고 우리가 하는 일들을 왜 하는지에 대해 생각할 시간이 별로 없으니까요."

우리가 지금까지 해온 단계별 질문들과 활동들은 당신의 삶과 일에 적용하는 연습을 많이 하면 할수록 자연스레 이런 생각이 더 많이 들게 될 것이다. 모멘텀을 만들고, 목표를 성취하고, 당신이 이룬 발전을 음미할 시간을 갖는 것이 바로 자신감을 가지고 앞으로 나아가는 방법이다. 이러한 노력들을 하는 사이에 더 높은 단계의 책임과 책무, 그리고 기여도를 기꺼이 받아들이겠다는 의지도 자라난다.

영화 「스타워즈」에서 선지자 요다는 이렇게 말했다. "나의 협력자들이 바로 나의 힘이란다. 아주 강력한 힘이지. 삶이 그들을 만들어내고 성장하게 한단다. 그 에너지가 우리를 둘러싸고 하나로 묶어준단다."

이것이 바로 나와 당신의 활동에 대한 아주 정확한 비유다.

아, 그리고 하나 더.

이런 상황을 상상해보자. 각 부서의 책임자들이 회의를 위해 모여 앉아있는데, 그 방 안에 있는 모든 사람들이 각각 어떤 사람으로 알려지길 원하는지 서로 알고 있다면 서로를 지지하기가 더 쉬워지지 않을까? 조직 전체의 미션에 기여하는 진취적인 리더들이 될 수 있도록, 모두가 계속 성장하고 발전하도록, 서로 도울 수 있지 않을까?

모멘텀 질문을 더 많이 스스로에게 던질수록 자연스럽게 이 질문을 다른 사람에게 공유하고 싶다는 마음이 들 것이다. 당신의 모멘텀을 당신의 팀, 가족, 주변 사람들과 공유한다면 훨씬 더 큰 힘을 만들어갈 수 있을 것이다.

언제나 햇빛을 향해 서라.
그러면 그림자는 언제나 당신 뒤에 있을 것이다.
– 월트 휘트먼

에필로그

당신답게 살 용기와 힘을 늘 간직하길

우리가 처음 프로젝트를 시작했을 때 계속해서 외운 주문은 "우리는 함께일 때 더 현명하고 더 능력 있다"였다. 모든 프로젝트를 진행할 때마다, 사람들을 만날 때마다, 그리고 새로운 기회를 만들어 갈 때마다 우리는 이 말을 되뇌었다.

이 책을 읽는 여정을 통해 당신은 우리와 함께할 기회를 가졌다. 그 결과 당신의 커다란 프로젝트를 완수했기를, 성취를 향한 탄탄대로를 걷고 있기를 바라 마지않는다. 그리고 당신만의 삶을 이끌어갈 용기와 힘이 늘 함께하길 진심으로 기원한다.

우리를 만나는 건 어렵지 않다. 언제든 우리의 홈페이지(www.

GetMomentum.com)에 접속해서 다른 사람들의 변화를 듣고, 당신의 변화도 공유할 수 있다.

당신의 이야기를 만나게 되길 기다리며.

제이슨 워맥, 조디 워맥

옮긴이

김현수

고려대학교 한문학과를 졸업하고 성균관대학교 번역대학원에서 문학석사 학위를 받았다. 글과 음악으로 소통하는 것이 좋아 라디오 작가로 일하기도 했다. 글밥아카데미 출판번역 과정을 수료했으며 지금은 언어 속에서 길을 내는 번역 일을 큰 기쁨으로 삼고 살고 있다. 옮긴 책으로는 『피터 래빗의 정원』 『미라클모닝』 『혼자라도 괜찮아』 『대화 지능』 『왜 엄마는 나에게 아기를 낳으라고 했을까』 『악동 데릭의 기막힌 여름방학』 『엘리엇의 펫』 『식수 전쟁 2017』 『에너지 전쟁 2030』 『훌륭한 군인』 등이 있다.

추락하는 의지를 상승시키는 심리 스프링

의욕의 기술

초판 1쇄 발행 2018년 3월 22일
초판 2쇄 발행 2018년 4월 20일

지은이 제이슨 워맥 · 조디 워맥 **옮긴이** 김현수
펴낸이 김선식

경영총괄 김은영
책임편집 봉선미 **디자인** 김누 **크로스교** 이호빈 **책임마케터** 최혜령, 이승민
콘텐츠개발5팀장 박현미 **콘텐츠개발5팀** 이호빈, 봉선미, 양예주, 김누
마케팅본부 이주화, 정명찬, 최혜령, 이승민, 이고은, 기명리, 김은지, 유미정, 배시영
전략기획팀 김상윤
저작권팀 최하나, 추숙영
경영관리팀 허대우, 권송이, 윤이경, 임해랑, 김재경, 한유현
외부스태프 본문 일러스트 최광렬

펴낸곳 다산북스 **출판등록** 2005년 12월 23일 제313-2005-00277호
주소 경기도 파주시 회동길 357 3층
전화 02-702-1724(기획편집) 02-6217-1726(마케팅) 02-704-1724(경영관리)
팩스 02-703-2219 **이메일** dasanbooks@dasanbooks.com
홈페이지 www.dasanbooks.com **블로그** blog.naver.com/dasan_books
종이 (주)한솔피앤에스 **출력 · 제본** 민언프린텍

ISBN 979-11-306-1627-8 (03190)

• 책값은 뒤표지에 있습니다.
• 파본은 구입하신 서점에서 교환해드립니다.

• 이 도서의 국립중앙도서관 출판시도서목록(CIP)은 서지정보유통지원시스템 홈페이지(http://seoji.nl.go.kr)와 국가자료공동목록시스템(http://www.nl.go.kr/kolisnet)에서 이용하실 수 있습니다. (CIP제어번호 : CIP2018007358)